江戸のキリシタン屋敷

谷　真介著

女子パウロ会

もくじ

第二章　殉教者と背教者

第三章　キリシタン屋敷の日々

第四章　最後の伴天連

はじめに
——絵地図に書かれた小さな文字

東京・神田の神保町《じんぼうちょう》といえば、世界でもめずらしい古本屋の街《まち》として有名なところです。

神保町の交差点を中心にして、軒を並べる古本屋さんの数はおよそ百二十軒。店をのぞくと、どの店にも天井までとどく本だなに、ぎっしりと古本がつまっています。そして毎日多くの学生や研究者、本好きの人たちがやってきて、めずらしい本や資料となる書物を探しながら、店から店へとわたり歩いています。

いまから十年ほどまえの、ある暖かい春の日のことでした。

池袋から地下鉄に乗って、久しぶりに神保町へ出たわたしは、

「なにかおもしろそうな本はないかな……」

そんなことを思いながら、お客のひとりになって、一軒一軒、店の本だなをの

ぞきながら歩いていました。

するとある店のウィンドウの片すみに、古い江戸の絵地図が一枚かかっていました。

わたしは、子どものころから地図を見るのが好きです。少しばかり大げさにいうと、とたんに興奮するのです。心が浮きたってきて、たとえ外国の知らない町でも、すぐに旅人の気分になってその町へ入りこみ、町並みをたどりながら空想の羽根をひろげて、かってに町の探訪にのり出してしまうのです。

この時も、ウィンドウにかかっている絵地図に目をこらしながらしばらくみつめていましたが、地図のわきにその年のカレンダーがついていて、ほしい人には一枚百五十円でゆずると書いてありました。

「おや、ずいぶん安いんだなぁ」

と、わたしはつぶやきました。

考えてみれば、もう春です。カレンダーとしては売れ残ったものだから、格安だったのかもしれません。絵地図のすみには、つぎのように記されていました。

はじめに

「古地図《こちず》暦《ごよみ》 懐《ふところ》 宝《だから》御江戸《おえど》絵図《えず》 原図四色木版刷 天保《てんぽう》十四年(一八四三年)
江戸日本橋南壹町目 須原屋《すはらや》茂兵衛《もへい》版《はん》」

いまから百五十年ほどまえの、わたしの生まれた東京(江戸)の絵地図です。じぶんの生まれた町はどのあたりか、いま住んでいる町はどのあたりなのか探してみましたが、どちらも江戸城を中心に描かれた地図にはなく、すみの田んぼのあたりでした。それでも細かな字で書きこまれた、昔の江戸の町の名や屋敷の名をみていると、心が動いてきます。わたしは店に入っていくと、さっそく一枚それを買い求めました。店の主人がくるくる筒《つつ》のようにまいてくれた絵地図つきカレンダーを手にすると、ますます心がはずんできました。

もう、ぶらぶら古本あさりをつづけている気は、なくなってしまいました。あとはまたこのつぎ、ということにして、わたしは家へ帰ってきました。

楽しいのは、その夜のことでした。

机の上に絵地図を広げると、びっしりと、それこそありのはうような小さな字で書きこまれた、江戸の町並みを虫めがねで拡大しながら、忍者よろしく江戸の町の探訪をはじめたのです。

江戸の町の中心、日本橋から上野への道をたどって、「銭形平次」でおなじみの神田《かんだ》明神《みょうじん》をぬけ、絵地図の右上手まできた時です。ごみかしみのようなかたかなの字が、ふと目にとまりました。虫めがねの焦点を正しく合わせてのぞきこむと、そこには、

「キリシタンロウヤシキ」

という文字が書きこまれていました。

「ロウヤシキ」とは、人の住む屋敷がそのまま牢屋になっているということでしょう。そうすると、「キリシタン牢屋敷」とは、キリスト教の信者たちを閉じこめておいた屋敷ということでしょうか。

わたしは、おもしろいところを発見したと思いました。

その付近をさらに虫めがねで探ると、「小石川《こいしかわ》小日向《こびなた》」という町名や、伝通院《でんつういん》という、わたしでも知っている有名なお寺があります。そこでさっそく、現在の東京の区分地図を出してきて、調べてみました。

すると、古い江戸の絵地図に記されている「キリシタンロウヤシキ」は、池袋

から銀座を通って荻窪までいっている地下鉄丸ノ内線、茗荷谷駅《みようがだに》のすぐ近くだということがわかったのです。

丸ノ内線なら、神保町の古本街へいく時も、都心に出る時も、いつも利用している地下鉄です。

「キリシタンロウヤシキ……」

口のなかでつぶやくと、そのことばの響きに、歴史の秘密めいたものを感じます。

この屋敷に、いったいどんないわれがあるのだろう——。にわかに興味を覚えたわたしは、さらに百科事典を持ち出してきて、調べてみました。

そこには、つぎのようなことが記されていました。

「キリシタン屋敷。江戸幕府の大目付《おおめつけ》（大名や役人を監督し、とりしまる江戸幕府の役職）で、一六四〇年（寛永十七年）以来、宗門改《しゆうもんあらため》を兼任した井《いの》上筑後守政重《うえちくごのかみまさしげ》の下屋敷で、キリシタンとりしまりのため、宣教師や信者たちを吟味、監禁した場所。切支丹牢屋敷、山屋敷ともいう。現在東京都文京区茗荷谷町にその跡がある」

――じぶんの住む町の近くに、このような史跡があることを知って、わたしの心はますますときめきました。茗荷谷に屋敷の跡があるというなら、そこへ行けば、もっとくわしいいわれを記した碑があるかもしれません。わたしはそう思って、茗荷谷へ出かけていきました。

しかし、キリシタン屋敷のあった付近は、いまは静かな住宅地となっていました。そして、昔屋敷の門があったあたりの家の垣根のわきに、「都旧跡　切支丹屋敷跡」という石の碑が、ぽつんと一本、建っているだけでした。

史跡に出かけて、手がかりとなるものは、なにもありませんでした。そのかわり、史跡に立って興味はますます大きなものになってふくらんでいきました。

ここに、どんな屋敷があったのだろう。

その屋敷に、監禁・幽閉されていた宣教師やキリスト教信者たちには、どのような人たちがいて、どんな生活を強いられていたのだろう――。

江戸幕府の大目付井上筑後守政重が、宗門改を兼任して、じぶんの屋敷のひとつをキリシタン牢屋敷として用いるようになったのは、寛永十七年（一六四〇年）のことといいます。

寛永十七年というと、三代将軍徳川家光が天下の実権をにぎっていた時代です。その時代は、わが国のキリスト教信者たちにとって、どんな時代だったのでしょう。

当時の江戸におけるキリシタンの歴史をふりかえりながら、キリシタン屋敷に秘められた物語を探ってみましょう。

第一章　江戸のキリシタンの迫害

三代将軍家光の登場

江戸幕府の三代将軍家光は、幕府を開いた徳川家康の孫です。

父親である二代将軍秀忠は、じぶんのあとを継ぐ三代めの将軍として長男の家光ではなく、次男の忠長《ただなが》をつける考えを持っていましたが、家光は竹千代と呼ばれた子どものころから、父親より祖父の家康にかわいがられていました。そのからいで将軍となった人物です。そして、わが国に鎖国制度をしき、外国との交渉を断ちながら、二百数十年にわたって続いた江戸幕府の基礎を確立した将軍として、知られるようになりました。

しかしキリスト教に対しては、父親の秀忠や家康よりもはるかにきびしい制度をつくってとりしまり、わが国キリシタンの根絶やしをはかった人物です。

その家光が江戸幕府の三代将軍の地位についたのは十九歳、元和《げんな》九年(一六二三年）八月のことでした。それから三か月もたたない十月、家光はじぶんの住む江戸で五十人ものキリシタンを捕らえ、市中をひきまわしたうえ、全員を火あぶりの刑に処するという〝元和・江戸の大殉教〟をおこなっています。

江戸はじまって以来といわれるこの事件の起こる一年まえの九月のことです。

幕府は〝二十六聖人の殉教〟の地として有名な長崎・西坂の丘の上の刑場で、信者たちの見せしめのため、外国人宣教師や三歳の幼児まで含む五十五人のキリシタンを火あぶりの刑にする〝元和の大殉教〟をおこなっていますが、天下の権力者の座についた家光は、家康や秀忠の時代に出されていたキリシタン禁教令を改めて全国に布告するとともに、

「キリシタンを、これまでのように仏教徒に改宗させてゆるすようなことはしない。捕らえて、ことごとく処刑してしまえ」

と、役人たちに命じ、いちだんとすさまじい弾圧にのり出したのです。

幼い子どもであろうと、年老いたものであろうと、信者なら手かげんはしません。キリシタンをかくまったり、信者とは知らずに家や宿を貸しあたえたものたちまでも捕らえてきて処刑するという、徹底したとりしまりをおこないはじめま

した。

信教の自由が認められ、じぶんが正しいと信じる宗教を信仰することのできるわたしたちには、とても考えられないことですが、江戸幕府が全国に布告した最初の大きなキリシタン禁教令は、一六一四年（慶長十九年）二月に家康と二代将軍秀忠によって出されたものです。

家康の側近のひとりであった崇伝《すうでん》という僧侶が、「夜明け一番鶏の声で筆を起こし、日の出まえまでに一気に書きあげた」といわれるこの時の禁教令は、

「キリシタン宗門は、商船で交易にくるのではなく、みだりに西洋の宗教をひろめ、わが国の宗教をまどわし、日本の政治まで改めさせて、じぶんたちのものにしようとしている。これは大きな災いのきざしである。だまって見逃しているわけにはいかない。邪法（キリスト教）をひろめようとするものがあれば、鼻をそぎ、足を切り、火あぶりの刑などに処する……」

というものです。そしてわが国にきて布教をしていた外国の宣教師や、どうしてもキリスト教を棄てない元大名の高山右近たちをマカオやフィリピンのマニラに追放し、一般の信者たちを人里離れた未開の地などへ流刑にしたのでした。

この時の禁教令と追放によって幕府は、「将軍や役人のいうことはきかないが、神の教えなら忠実に従う」という厄介者のキリシタンの処分も、一段落したと考えたのでした。しかし、その後も海外へ追放した宣教師たちがひそかに日本へたちもどって布教をつづけたり、役人たちに気づかれないように信仰を守りとおしている信者たちがたくさんいることを知ったのでした。

捕らえられた信者たちは、そのたびに、キリスト教を棄てて仏教徒になるようきびしく責められていましたが、幕府では町の辻《つじ》などに高札をかかげ、密告者には銀三十枚、百枚などという報奨金まであたえて、信者や宣教師の発見につとめました。

「銀三十枚」という報奨金をいまの金額になおすと、約四十万円になります。百枚というと、およそ百三十万円。報奨金の額は年を経るにつれてさらにつりあげられ、「外国人神父ひとりにつき銀五百枚」という金額にまでつりあげられてきました。密告者の報奨金の額からみても、家光やそれ以後の幕府の将軍たちがいかにキリシタンたちをにくみ、きらっていたかわかろうというものです。

家光が将軍になった直後に起こった〝元和・江戸の大殉教〟（一六二三年）も、

じつはこうした報奨金に目がくらんだひとりの男の密告に、端を発したものでした。

当時の江戸の南町奉行米津《よねづ》勘兵衛《かんびょうえ》の前にまかり出て、

「おそれながら、もうしあげます……」

と、訴え出た男は、そのころ江戸のキリシタンの中心人物であった原主水《はらもんど》の昔の家臣です。

この男は、賭博などに手を出してだいぶお金に困っていたらしく、昔世話になった主人を訴えて大金をせしめようとしたのですが、欲の皮がつっぱりすぎて、昔の主人ばかりか江戸にふたりの伴天連《ばてれん》（外国人宣教師）がひそんでいて、ひそかに布教活動をしていること、じぶんが調べあげてつくった五十人をこえる江戸のキリシタンの名前を記した名簿まで、奉行の前にさし出したのでした。

「わが江戸の町には、信者はともかく、キリシタン伴天連などはひとりもいない」と信じきっていた奉行は、ふたりの神父がひそんで布教していると聞いて、顔色を変えました。そして、ただちにこのことを江戸城にいる老中に知らせました。

老中たちもおどろきましたが、この話を聞いて心の底から怒ったのは将軍になったばかりの家光でした。

「日本国中が予《よ》にそむいて争いを起こしたとしてもおどろかぬが、予のひざもとにふたりの伴天連がひそんでいたとは、なにごとだ。その方《ほう》たちは去年の殉教（長崎の元和の大殉教）以後、どこにも伴天連は残っておらぬといったではないか。もうその方たちのいうことなど、信じぬ。もっとおおぜいの謀反人がおるにちがいない。長崎にはまだ二十人の伴天連がおるかもしれぬが、これはまだたいしたことではない。しかし、将軍のいる都にふたりもの伴天連がおるとは、けしからん。かまわぬから厳罰にせよ。あとから出てきたやつも、みな同じ刑罰にせよ」


家光は老中たちを前にして、いらだちを隠しきれないようでした。

一方、江戸の町々へくりだしていった奉行所の捕り手たちは、名簿に名のあるキリシタンたちをつぎつぎと捕らえ、日本橋の小伝馬町の牢へひきたてるとともにきびしく責めあげて、ふたりの神父の隠れ家を聞きだそうとしていました。しかし、キリシタンたちはだれも口がかたく、なかなか行方がわかりません。

ところが、当時江戸のキリシタンの中心的な人物だった原主水はすぐに捕らえられてしまったのです。

そのころ浅草の鳥越《とりごえ》に、家族からも見放されて路上に捨てられた重病人や、世間から見捨てられた貧しい人たちが集落のようなものをつくって生活をしていました。ここには、一六一四年の禁教令が出されるまで、フランシスコ会の神父たちがつくった教会とハンセン病の患者を収容する病院があったのですが、それもとりこわされてしまい、行き場のない人たちが残されていました。

原主水はこうした人たちとともに生活をしながら、熱心に布教活動をつづけているところを、捕り手の役人たちに捕らえられたのです。しかし、役人たちは主水の姿を見て、

「この男が、ほんとうに江戸のキリシタンの指導的な地位にいるものなのだろうか？」

とびっくりしました。

ぼろぼろの衣服をまとっていたからでは、ありません。

なんと、原主水はひたいに十字の焼き印をおされ、手足の指と足の腱《けん》を切られ

ていて、ほとんど立って歩くことができません。しかし、名を問うと、おちついた声でみずから原主水と名のりました。役人たちはまるで大きなぼろをかつぐようにして、とにかくこの男を奉行所へつれていきました。

こうして、原主水はなんなく捕らえたものの、ふたりの伴天連、イエズス会のジェロニモ・デ・アンジェリス神父とフランシスコ会のフランシスコ・ガルベス神父のふたりの行方は、なかなかわかりませんでした。

奉行所では捕らえた信者たちをなおきびしく責めて、その隠れ家をつきとめようと血まなこになっていましたが、やがてアンジェリス神父が自首し、ガルベス神父も鎌倉で捕らえられて、日本橋の小伝馬町へひきたてられていきました。

老中から報告を受けた家光は、

「今後、ふたたびこうした失態のないよう、このさいいっそう詮議をきびしくして、キリシタンの根を断ち切ってしまえ。そしてこんご捕らえた者は、城下八百八町ぜんぶの町をひきまわして、ことごとく火あぶりの極刑にしてしまえ。

ことに、原主水はにっくきやつ。予の知り合いとて、けっして容赦はしない。馬に乗せ、先頭に立ててひきまわし、大御所様（家康）の直臣、現公方（家光）

の縁者なりとても、かくのごとし。もってお上《かみ》（幕府）がいかにキリシタンをにくむかを知るべしと、江戸中をふれ歩くべし……」

といいはなったのです。

家光は原主水のことを、じぶんの縁者のようにいってにくしみをつのらせました。それはかつて、主水がじぶんの敬愛してやまない祖父家康のもっとも近くに仕えていた直臣だったからでしょう。家光は、

「生きるも　死ぬるも　何事もみな　大権現《だいごんげん》（家康）様しだい……」

と書いた紙片をお守り袋のなかへ入れて、肌身から離さなかったというほど祖父の家康を尊敬していました。ですから、原主水にはなおさらにくしみを覚えたのかもしれません。

それにしても、浅草で捕らえられた時、原主水の風体《ふうてい》はあまりにもいたましいものがありました。

原主水は、いったいなにをしたというのでしょう。どのような罪を得て、ひたいに十字の焼き印をおされるというようなすさまじい罰を受けたのでしょう。当時の江戸のキリシタンたちの中心的な地位にいた家康の昔の直臣、原主水とはど

のような人物だったのでしょうか。

江戸のキリシタンたち

原主水のことを記すまえに、当時の江戸のキリシタンたちの心のささえであったアンジェリス神父とガルベス神父のことに、ふれておきましょう。

ジェロニモ・デ・アンジェリス神父はイタリアのシチリア島に生まれ、三十四歳の時わが国にやってきてから、二十年一日のごとく献身的・精力的な布教活動をつづけ、当時の信者たちから〝天使のジェロニモ〟とたたえられていたイエズス会の神父です。

一六一四年（慶長十九年）、禁教令が出されて外国人宣教師たちの海外追放がきまった時、アンジェリス神父はほかの神父たちとひそかにわが国にとどまり、生涯を日本人信者のためにささげようと決心しました。そして京都や大坂（明治以後大阪に統一）にいた七十人ほどのキリシタンたちが津軽《つがる》の高岡（青森県弘前市）へ流刑になり、寒さのきびしい未開の地で農民となって苦しい生活をはじめると、神父は日本人に変装し、役人にみつからないようけわしい東北の山々をこえて流刑地に入り、信者たちと生活をともにしたのでした。

さらに神父は、津軽藩から海を経てえぞ地（北海道）へ流されたキリシタンたちのことを聞くと、ヨーロッパ人としてはじめて北の海をこえてえぞ地に入り、金山の坑内労働などをしながら信仰を守りとおしている信者たちをみまったり、佐渡、秋田、仙台など東北地方を歩き、この地方の布教につくしました。

日本人に変装しているとはいえ、たえず役人の目を気にしながらの旅です。雪におおわれ、氷に閉ざされた東北地方の山々をこえていく旅の苦労は、想像を絶するものがありますが、酷寒の地でしたためられた神父の手紙の断片が残されていますから、それを紹介しましょう。

「……雪は積もりかたまって城壁のようです。近づくのも容易ではなく、とびこえることもできません。ここよりさき、もう一歩も踏み出せないとあきらめかけたことも、たびたびです。旅はすべて徒歩ですが、食べる物もなく、また山の上には人の住む家もありません。食を求めたくてもなにもなく、そのような場所は、どこにもありません。……

いまいるところは、追いはぎのたびたび出没するところですが、人の住む家はひとつもなく、草木もない、見渡すかぎりの荒野です……」

このような旅をつづけて、まだほとんど開けていなかった東北地方の布教につくしていたアンジェリス神父は、やがて仙台から江戸へ移ってきました。そして二年後、〝江戸の大殉教〟に出合うのですが、信者たちの逮捕がはじまった時、身近にいたキリシタンたちは神父だけは逃がそうとして、つぎからつぎへと神父に隠れ家を変えさせていました。

ところが、じぶんに宿を貸してくれた人たちまでが捕らわれて、きびしく責められていることを知ると、もう逃れていることはできないと、神父は考えたのです。

「じぶんが捕らわれればきびしい捜査は中止され、おおぜいの人たちが助かるでしょう……」

そう考えたアンジェリス神父は、身にまとっていたぼろぼろの着物をぬぎ捨てて神父服に着がえると、数年たえず行動をともにしてきた肥後《ひご》生まれのシモン・遠甫《えんぽ》という日本人修道士とともに、奉行所に名のり出たのでした。

もうひとりのガルベス神父は、スペインのバレンシア生まれで四十八歳。所属する会はフランシスコ会で、アンジェリス神父とはちがいますが、同じようにわが国の東北地方の布教につくした宣教師のひとりです。

神父は一六一四年の禁教令の時、キリシタン大名だった高山右近たちとマニラに追放されましたが、その後ひそかに日本へたちもどり、アンジェリス神父と同じように日本人に変装して長崎から仙台、秋田の出羽におもむいて、一六二一年(元和七年)だけでも一千人をこえる人たちに洗礼を授けたといわれます。

禁教令が出されて、とりしまりがいちだんときびしくなっている時です。まだあまり開かれていなかった地方とはいえ、これだけの人びとに福音を伝え、洗礼を授けたということはおどろくべきことですが、その後、上司の命令で出羽から江戸へ呼びもどされ、原主水が捕らえられた浅草の貧しい人たちの集落に入って、ひそかに病人の世話をしながら布教活動をつづけていました。

事件が起こった時、ガルベス神父は江戸を離れて鎌倉の孫左衛門という信者のところへ出かけていました。孫左衛門は幕府の役人たちが必死で神父の行方を追っていることを知ると、神父を安全な地へ逃がそうと考え、一そうの小舟をやとって船頭にお金をはらったのでした。

ところがその船頭に裏切られ、神父は鎌倉の海岸で追っ手に捕らわれて、いっしょに捕まった孫左衛門たちとともに、日本橋の小伝馬町にあった牢までひきたてられてきたのでした。

江戸のキリシタンの中心的人物であった原主水は、家康が将軍の地位を二代めの秀忠にゆずって駿府《すんぷ》（静岡県）に引退した時、家康に従って江戸城から駿府の城へ移っていきました。主水は駿府の町でキリスト教の教えにみちびかれ、ジュアンという洗礼名を授けられて信者となったのです。

家康が二代将軍の秀忠とともに全国的なキリシタン禁教令を出したのは、もう何度も書きましたが一六一四年二月のことです。しかし、これより二年まえの三月、家康はじぶんの近くに仕える武士たちに厳重なキリシタン禁令を出し、念のためにじぶんの住む駿府の城を守る家臣たちのなかに、キリシタンがいるかどうか、調べさせたことがありました。

　このとき、家康の身のまわりの世話をする近習《きんじゅう》の侍のなかに十四人ものキリシタンがいることがわかりました。そのひとりに、小姓《こしょう》をつとめていた原主水がいたのです。

　原主水の父原刑部少輔胤義《ぎょうぶのしょうゆうたねのり》は、下総国《しもうさのくに》（千葉県）臼井城六万石の城主で、主水は家康から望まれて千五百石をたまわり、小姓にとりたてられた武士でした。

　小姓というのは、主君に気に入られ、たえずその近くに仕えて身のまわりの世話をつとめる武士のことですが、原主水はそれ以上に重要な使命をあたえられていたようです。のちに主水の子孫が著した書物（原胤昭他『隠れたる江戸吉利支丹遺蹟』）によると、主水は「家康と似た体格の力のすぐれた小姓」で、「家康と同様の服装、髪姿」をさせられた文武にひいでた「影武者」であったと記されています。

　家康はじぶんの影武者がじぶんの好まないキリシタンであったことを知っておどろき、主水をふくむ十四人のものたちにキリスト教を棄て、仏教徒になるようきびしく命じました。

しかし、ひとりはそれに応じたものの、原主水など十三人のものたちがどうしても改宗に応じないことを知ると、家康はにくしみをあらわにしていっさいの財産を取りあげたうえ、家族もろとも駿府から追放してしまいました。そして全国の大名たちに、

「もし、これらの追放したものたちを迎えるようなことがあったら、厳罰に処する」

と伝えるとともに、一般の人たちにもかかわりを持つことを禁じました。（この時、駿府の城の大奥の侍女のなかにいたのが、朝鮮生まれのキリシタン、ジュリア・おたあです。ジュリアは家康の情けをふり切って、じぶんの信ずる教えを守りぬくため、伊豆の孤島神津島《こうづしま》へ流されていきました。）

こうして駿府の城から追放された原主水は、家康には内密で駿府の町に住み、城中で親しくしていた大奥の侍女と会って話をしていましたが、それが家康に知られ、ふたたび捕らえられて、こんどはひたいに十字の焼き印をおされ、手足の指と足の腱まで切られるという、むごい罰を受けたのでした。

家康にすれば、小姓にまでとりたててやったのに、その恩義も忘れ、主君の命

令にも従わない「不届き千万なやつ」だということになるのでしょう。しかし身分・財産のすべてを奪って追放しておきながら、大奥の侍女と会っていたということを理由にもう一度捕らえ、身の毛もよだつような刑罰をあたえる家康のにくしみには、異常なものがあります。あるいは、もっとほかにも家康のにくしみをかうことがあったのかもしれません。主水はさらに首から、

「この罪人をかくまうものは厳罰に処する」

という札までつるされ、駿府の町中をひきまわされたのち、追放されました。

こののち、主水は不自由なからだを引きずるようにして、箱根山をこえました。そして一時江戸郊外にある岩槻《いわつき》（埼玉県）に隠れ住んでいましたが、このころからこれまでにじぶんの犯したすべてのあやまちを深く悔い改め、信仰心をいっそうはげしく燃えあがらせ、ゆるぎないキリシタンとなって江戸に出ました。そして浅草の寄る辺のない貧しい人たちの群れのなかに入って布教につくしていたのです。

ところで、その江戸の町にはじめて教会が建ったのは、慶長四年（一五九九年）春のことでした。

この教会、「ロザリオの聖母堂」は、フランシスコ会のジェロニモ・デ・ジェズス神父が家康の正式な許可を得て建てたものですが、その場所は現在の日本橋本石町《ほんごくちょう》、あるいは八丁堀あたりといわれるだけで、残念ながらはっきりとわかってはいません。

「天下分け目の戦い」といわれた関ヶ原の役は翌年（一六〇〇年）秋のことですから、このころの家康はまだ天下の実権者となっていません。家康はスペインの植民地であったフィリピンのマニラからやってきたフランシスコ会の神父たちを介して、マニラとの交易をおこない、利益を得ようと考えていたのです。

このようなことから、フランシスコ会の神父たちに江戸での布教を許可し、ロザリオの聖母堂のほか、浅草・鳥越、浦川（浦賀）にも教会が建ちました。ロザリオの聖母堂の近くには、修道院や施療所も建てられましたが、のちにこの三つの教会はすべて幕府の命令でとりこわされてしまいました。そして江戸の教会は新しく浅草・鳥越に再建され、修道院、施療所も建てなおされたのでした。

このころの江戸の教会では、信者たちが講《こう》（寄り合い）をつくっていました。そして、

「ひと月に一度は教会へ行って、ミサにあずかること」

「ひと月の最後の金曜日は、神父に罪のざんげをすること」

「ひと月に一度は、貧しい人をみまわること」

「講員はなんなりと慈善事業をおこなうこと。ことに捨て子のある時はじぶんの力のおよぶかぎり、その小さな魂が失われないよう、救助に協力すること」

といったとりきめをしていました。

しかし、こうした講もやがて幕府の全国的な禁教のために禁じられ、教会もまたとりこわされて、江戸のキリシタンもはげしい迫害のあらしにまきこまれていくのです。浅草・鳥越の施療所にいた病人たちは寄る辺のないままに集落のようなものをつくって、その跡地にとどまっていました。

〝元和・江戸の大殉教〟で捕らわれた人たちの数は、百人あまりもいました。このなかには信者ではなく、家を貸したり、キリシタンとかかわりを持っただけで捕らわれた人たちも、ふくまれていました。

この人たちのなかから、家光は女性と子どものキリシタン、家を貸しあたえたものたちを牢にとめ置き、五十一人の男の信者のみ処刑することを命じました。

五十一人のキリシタンに告げられた刑罰は、見せしめのための火あぶりです。処刑の日は、その年の十二月四日ときめられました。

元和・江戸の大殉教

元和九年（一六二三年）十二月四日――。江戸の空は青く晴れわたり、寒い日であったといわれます。

この日の朝、小伝馬町の牢にやってきた奉行たちは、原主水たち五十一人のキリシタンを牢舎から出すと、つぎつぎとうしろ手にしばりあげ、当時東海道の江戸への入り口にあった芝口《しばくち》（港区三田札《みたふだ》の辻《つじ》）の刑場へひきたてていきました。

とちゅうでひとりが死へのおそろしさから教えを棄てましたが、当日のことを記した記録がありますので、それを追ってみましょう。

「……十二月四日の早朝、ついに刑をおこなう役人たちが将軍の命令を遂行するためにやってきた。かれらは牢屋のなかへ入ると、まずアンジェリス神父のところへいって、その足かせをはずした。それから神父の首に太いなわをかけ、それで両手を背中でしばりあげた。ほかのキリシタンたちもみな、なわでしばられた。役人は刑場へつれていくために、人数を数えた。アンジェリス神父はさながら一隊を指揮する者のように馬上高く行列の先頭にたち、肩から大きな文字で名前を書いた札をかけていた。神父につづくものはシモン・遠甫そのほか十五名で、みな歩いていった。

　そのつぎに同じく馬に乗せられたガルベス神父が、同じように名前を書いた札を肩からさげていくと、まえと同じ人数のキリシタンがそのあとを歩いていった。行列のしんがりは、やはり馬に乗った原主水で、前をいく神父たちよりは多少小さいものであったが、同じように名前を書いた札をつけていくと、残りのキリシタンがそのあとにつづいていった。だれもかれらに近づけないように、先頭も後尾も両側も、みんな役人たちにとり囲まれていた。こうしてかれらは江戸の往来を、さながら凱旋《がいせん》行列のように旗を掲げ、風になびかせながら進んでいった。

……上（かみ）（京都）へ行く街道（東海道）に沿った刑場には、もう五十本の柱が立っていた。あちこちから見物に集まった群衆は、おびただしい数だった。

近くの山も見物人でいっぱいだった……」

アンジェリス神父とガルベス神父は、とちゅうずっとじょうずな日本語で沿道に集まってきた人たちに説教をしていましたが、原主水は刑場に着くと、「話したいことがある」と役人にもうし出て、馬の上から集まってきた群衆にむかってつぎのように語りました。

「わたしは、宗教のちがった人たちのあやまりをにくんできました。そのあやまりの理由で、長年まえから火あぶりになる今日まで、追放でもなんでも喜んで受けてきました。わたしが極端な責め苦にも、じっと耐えてきたのは、ただただ救いにみちびいてくれるキリシタン宗の真理を証拠だてたいがためでした。わたしの指はぜんぶ切られ、足の腱も切られました。わたしは、わたしのあがない主であり、また救い主であらせられるイエス・キリスト様のおんために、苦しみを受けて、いま命を捨てるのです。イエス・キリスト様は、わたしに永遠の報酬をくださるでしょう……」

すでに柱にしばりつけられていたアンジェリス神父の侍者《じしゃ》シモン・遠甫も、群衆にむかってさとすように神の教えを語りだしました。

するとつめかけた群衆たちは心をうたれ、なかには、

「なぜ、この人たちがこんなむごい刑を受けなければならないのだ」

と、大声をあげて役人にさけぶ人もいました。

やがて足もとに積みあげられた木に火がつけられ、うずまく炎とともに、ひとつひとつの生命が、静かに天にのぼっていきました。

ふたりの神父と原主水の処刑は、最後に残されました。役人たちは残酷にも主水たちに信者たちの苦しみを見せて、死へのおそろしさを、いっそうつのらせようと考えたのでしたが、どの信者たちも静かに祈りを唱えながら天国へ旅立ち、主水たちにも心の動揺は少しも見られませんでした。

足もとの木に火をつけられた時、アンジェリス神父は目を江戸の町の方に向けました。そして、じぶんが司牧していた町のために最後の祈りを唱えて祝福をあたえると、こんどはつめかけた群衆にむかって慈愛に満ちた説教をしながら、息をひきとっていったといわれます。

またガルベス神父は静かな声で祈りながら天国に召され、原主水は指のない手をのばし、じぶんの魂を天にみちびいてくれる炎を胸にだくようなしぐさをしながら、神のみもとへ帰っていったと伝えられます。

その翌日、江戸の殉教地となった同じ刑場で、密告者であった原主水の旧家臣に、役人からほうびがあたえられました。

役人はつめかけているおおぜいの人たちに向かって、

「こんご、だれでも訴え出るものがあれば、このようにお上からほうびがつかわされる」といいましたが、そのとき見物人のなかから密告者に対して罵声《ばせい》があがりました。

「異教徒さえも罵言《ばげん》のかぎりをつくしてかれをのろった」と、記録にあります。幕府のためとはいえ、原主水の昔の家臣がしたことは、あまりにも人の道からはずれた恥ずべきことだったのです。

家光は二十日後の十二月二十四日、イエス生誕の日に、牢につないでおいた殉教者たちの家族、手助けをしたもの、キリシタンに家を貸しあたえたものたち三十七人を処刑しました。三十七人のうちキリシタンは二十四人だけで、残りの人たちはキリシタンではありませんでしたが、三十七人のうち半数に近い十八人は、子どもたちであったといわれます。

こうして、家光のにくしみをこめた見せしめのキリシタン迫害は、年ごとにはげしくなり、狂気じみたものになっていきます。

将軍のおひざもとである江戸で、その後に起こった殉教事件をみると、大きなものだけでもつぎのようなものがあります。

一六二四年（寛永元年）のはじめに、日本人神父ひとりと神父に宿を貸した家族、そのほかのキリシタン二十八人が捕らわれる。

同年夏、男五人、女七人のキリシタンが捕らわれて、火あぶりの刑に処せられる。

一六二九年（寛永六年）冬、キリシタン夫婦とその子ども合わせて十三人が水責めに会い、氷のはった池につけられて殉教。

一六三一年（寛永八年）冬、キリシタンの一家六人が捕らえられ、火あぶりの刑に処せられる。男女ふたりずつの子どもは十歳の男子から四歳の女子までで、このうち四歳の女子は首をはねられる。

一六三六年（寛永十三年）春、家光が江戸城の城門修築工事を視察し城外に出たところ、役人がキリシタンをふくむ九十三人の病人や貧しい人たちの群れを発見したので、全員捕らえて密室に収容、餓死させた。

一六三八年（寛永十五年）冬、江戸・芝口でキリシタン二十三人が海中につるされ、信者をかくまったもの六人がはりつけ、妻子十四人が首を切られる。

一六四〇年（寛永十七年）夏、七十人のキリシタンが鈴ヶ森（大田区）の海中に逆さづりにされ、上げ潮の時には海水が口に入って苦しみぬき、四、五日のうちに全員が死亡した。

密告などで捕らえられたキリシタンたちを、氷のはった池や海のなかに逆さにつるすという残酷な水責めの刑は、東北でもおこなわれています。仙台では一六二四年、外国人神父をふくむ八人のキリシタンが、二月の寒風ふきすさぶ広瀬川のなかにつくられた狭いおりに入れられて殺されていますし、九州では島原の雲仙岳からふき出す硫黄のなかにつけたり、投げこんだりする拷問までおこなっています。

江戸幕府のキリシタン迫害は、一般に、
「家康の時代より秀忠の時代がきびしく、秀忠の時代よりさらに家光の時代がきびしかった」
といわれていますが、捕らわれて殉教したキリシタンの数からみても、そのことがうなずけます。

家光が将軍になった一六二三年から、重い税に苦しみあえぐ農民たちがキリシタンとともに一揆《いっき》を起こした〝島原の乱〟がおさえられた一六三九年までの十六年間に、処刑されたキリシタンの数は外国の宣教師もふくめて、一千五百二十人にものぼっています。（〝島原の乱〟では三万七千人のキリシタンが原城にたてこもって死んでいますが、この数には〝島原の乱〟のキリシタン関係者はふくまれていません。）

この数を、家康が全国に禁教令を発布した一六一四年から家光が将軍になるまでの九年間と比べてみると、こちらは三百九十人。一年間の比較では九十五人対四十三人となり、年に平均しても三倍以上も多い殉教者が家光の時代に出ていることになります。

将軍になってまもなく、〝元和・江戸の大殉教〟が起こった時、家光ははげしくいきどおりながら、

「このさい、いっそう詮議をきびしくして、キリシタンの根を断ち切ってしまえ。捕らえた者は、ことごとく火あぶりの極刑に処すべし」

といいはなちましたが、それがこうした数になってあらわれています。

しかし、ひそかに信仰を守りとおしている信者や、キリシタンに好意を持っている人たちに対する見せしめとして、いくら残酷な刑をおこなってもなかなか「根絶やし」はできません。それればかりか、役人たちの仕打ちを見て、反対にますます信仰心を高め、キリシタンに好意を持つ人たちが出てくるのです。そして家光も、こうした方法を改めようと考える時がくるのです。

やがてキリシタン屋敷をつくったキリシタン奉行井上政重がわが国のキリシタンの歴史の上に登場してくるのですが、そのまえに当時のキリシタンたちが、どうしてこれほどの迫害を受けるようになったのか、わが国にキリスト教が伝えられた歴史をふりかえってみましょう。

信仰のあけぼの

キリスト教のアジア布教に生涯をささげ、〝東洋の使徒〟とたたえられているフランシスコ・ザビエルによって、わが国にはじめてキリスト教が伝えられたのは、一五四九年（天文《てんぶん》十八年）のことです。

当時の日本は、足利《あしかが》氏が京都の室町に幕府を開いて天下の実権をにぎっていました。

しかし、十五代百八十年つづいた長い室町時代も、将軍の継承問題に端を発した〝応仁の乱〟で終わりに近づき、いよいよ歴史に名高い〝戦国時代〟がはじまろうとしていました。そして、足利氏に代わって力をつけてきた地方の豪族や大名たちが、天下をねらって争いはじめるのです。

これらの人たちのなかから、やがて天下統一の先陣についた織田信長や豊臣秀吉、江戸幕府を開いた徳川家康などが登場してくるのですが、ザビエルが日本にきたころ、信長はまだ十五歳、秀吉は十三歳、家康はわずか七歳でした。

ザビエルが来日したのは一五四九年の夏のことですが、これより二年まえの十二月、ザビエルは布教地のマレー半島にあるマラッカでひとりの日本人ヤジロウと出会いました。

ヤジロウは鹿児島生まれの商人でしたが、取り引き上のことで人をあやめ、役人に追われて、弟、使用人の三人でマラッカまで逃れてきたのでした。そしてじぶんの犯した罪を深く悔い改め、ザビエルによって洗礼を受け、日本人として最初のキリスト教信者となったのです。

ある時、ザビエルはこのヤジロウにむかって、

「もし、わたしが日本へいったら、多くの日本人がキリスト教の信者になるでしょうか？」

と尋ねました。

するとヤジロウは、つぎのように答えました。

「日本人は、すぐ信者になることはないでしょう。まずはじめに、おおくの質問

を神父様にするでしょう。それに対して、神父様がどう答え、どんなことを知っておられるかをたしかめます。さらに神父様の生活がその教えと一致しているかどうかを見定めるでしょう。そういうことが半年ほどつづいたあとで、国王（天皇）やほかの大名たちが洗礼を受ければ、みんなにひろまっていくでしょう。日本人というのは、理屈っぽいところのある国民です」

ヤジロウは商人でしたから、いろいろな取り引きを通じて得たじぶんの考えを素直に語ったのですが、ヤジロウのこの〝日本人観〟は、いまでもうなずけるのではないでしょうか。

ヤジロウはまた、語学の才能にも恵まれていました。神父から聖マタイの福音書の講義を二回受けただけで、第一章から最後まですっかり暗記してしまったといわれています。

ヤジロウの話を聞いたザビエルの心に、未知の国日本への布教の夢が高まっていきました。ザビエルはイタリアのローマにあるじぶんの所属するイエズス会の本部へ送った手紙のなかで、つぎのように語っています。

「――日本という国は、ひとりの国王（天皇）がいて、その国王がすべてのものに対する絶対的な権力を持っています。そして日本の宗教は天竺（インド）から伝えられたもので、日本にはそれを教える僧侶たちの学校があります。まず国王を訪問して布教の許可を得たあとで、学校へのりこみ、議論をたたかわせて神の教えの正しいことを理解させ、それからすべての国民に布教しましょう。パウロ（ヤジロウの洗礼名）の話では、日本人は教養の高い国民であり、知識欲も旺盛だといいますから、きっと多くの人たちが早い期間に信者になるでしょう。……」

ザビエルはこうしてふたりの宣教師をともない、ヤジロウたちに案内されながら鹿児島に日本布教の第一歩をしるしました。そしてしばらく鹿児島に滞在し藩主の許しを得て布教にのり出しましたが、ザビエルの目的は一日も早く都（京都）にのぼって国王（天皇）に会い、それから一気に信仰をひろめるというところにありましたから、やがて山口を経て、都へのぼっていきました。

ところが、当時の日本は〝応仁の乱〟で国は乱れに乱れており、都もあれはてて天皇さえ御所におりません。けっきょくはじめの目的はかなえられず、ザビエルは山口へひきかえし、好意を見せる領主大内義隆《おおうちよしたか》に迎えられて山口を中心に布教につとめていました。そして九州豊後国（大分県）の二十歳の若い領主大内義鎮《よししげ》（のちに有名なキリシタン大名となった大友宗麟《そうりん》）の招きを受けて豊後を訪ねたあと、日出《ひじ》の港からマラッカへ帰っていきました。

ザビエルが日本にいたのは、二年二か月ほどでした。しかし、あとにとどまったトーレス神父、フェルナンデス修道士のふたりの宣教師をはじめ、山口で信者となった説教のじょうずな盲目の琵琶法師《びわほうし》ロレンソや、ザビエルがマラッカから送った宣教師たちの熱心な布教活動で、北九州から都へかけてつぎつぎと多くの信者が生まれてきたのです。

同時に、宣教師たちを乗せたポルトガルの貿易船の渡来によって、ヨーロッパのめずらしい文物がわが国にもたらされます。交易による利益を得ようと考える大名たちも出てきました。

大名たちのなかには、貿易によるばく大な利益のみを求めて、キリスト教には好意だけをみせるものもいました。しかし反対に、神の教えにめざめ、キリスト教に帰依《きえ》するものたちも出てきました。

その大名たちのなかには、もっとも早く洗礼を受けた大村純忠《すみただ》（洗礼名バルトロメオ）をはじめ、大村純忠とともに少年使節を遠くローマの教皇のもとへ送った有馬晴信《ありまはるのぶ》（プロタジオ）、大友宗麟《そうりん》（フランシスコ）、秀吉の参謀として活躍した黒田孝高《くろだよしたか》（メシアン）、小西行長《ゆきなが》（アウグスチノ）、のちの日本の教会の柱とまでいわれた高山右近（ユスト）、その父高山飛騨守友照《ひだのかみともてる》（ダリオ）、のちに右近とともに徳川家康によってマニラへ流された内藤如安《ないとうじょあん》（ジョアン）、さらに蒲生氏郷《がもううじさと》（レアン）などがいます。

これらの大名たちのなかには、じぶんたちばかりではなく、家臣や領地に住む人たちにも信仰をひろめ、その結果、領地の者たちほとんど全員が信者となったところもあります。

ところで、当時ヨーロッパからきた宣教師たちは、どのように神の教えを日本人たちに説いていたのでしょうか。

現代ではみことばの書かれている日本語の聖書をすぐ手にすることができますが、当時は印刷術もまだわが国に伝えられていませんし、ヨーロッパのことばを正しく翻訳することのできる人もほとんどいません。

ですから宣教師たちは、まず「この世の万物をつくられた創造主であるデウス

（神）をうやまうこと」を、説きました。そしてさらに、つぎのような神の教えである「十のマンダメント（いましめ）」を守って、暮らすようにさとしました。

一、神はただおひとり、神を敬いとうとぶこと
二、神のとうとい御名にかけて、つまらない誓いなどをしてはならない
三、週のはじめの日（日曜日）を、神の日として清くすごすこと
四、父母に孝行しなくてはならない
五、人殺しをしてはならない
六、みだらなおこないをしてはならない
七、盗みごとをしてはならない
八、人に偽りごとをいってはならない
九、他人の妻を恋してはならない
十、他人のものをみだりにほしがってはならない

――神の愛を受けたいと願う人は、まずこれだけのことを神の前に誓って守ってほしい。さらに、これらのことをまとめれば、

「神を敬い、とうとぶこと」

「じぶん自身のことと同じように隣人のことを思え」

という、たったふたつのことになります。

こうすれば、死んだのちも魂は天国にのぼり、神のみ胸にいだかれながら永遠に生きることができると、説くのでした。

「十のいましめ」とは、考えてみればそのほとんどが人間としての最小限の道徳ですが、宣教師たちの熱心な布教の結果、ザビエルが日本にきてキリスト教を伝えてから三十八年めになる一五八七年（天正十五年）には、三十万人をこえる信者が生まれていました。

当時の日本の人口は、二千万人くらいといわれています。キリスト教の布教は都（京都）を中心とした近畿地方から中国・九州にかけてでしたから、ザビエル来日以後三十八年めで三十万人をこえる信者の数というのは、けっして少ない数ではありません。

秀吉の禁教令以後

こうして、わが国に伝えられたキリスト教は、順調な発展をみせていました。この間の社会的な大きなできごとといえば、天下統一の先陣についていたキリシタンびいきの織田信長が、家臣のひとりであった明智光秀の謀反《むほん》によって京都本能寺で四十九歳の波乱に富んだ生涯を終えたこと、そのあとを受けて登場してきた羽柴秀吉《はしばひでよし》が、その才を生かして着々と天下の実権をにぎりはじめ、天皇の聖務を補佐する関白の地位にまでのぼりつめたことなどがあげられます。

秀吉も信長と同じように、キリシタンにはすこぶる好意的でした。難攻不落とうたわれた大坂城を築いた時などは、落成祝いに訪れた神父たちの先頭にみずから立って、城内を案内してまわるほどでした。そして神父たちに、

「ただ、デウス（神）の教えとかいう宗教をひろめるために、なんの利益も得る

というわけでもないのに、このような遠い日本にやってきて、久しく滞在している宣教師たちのこころばえは、りっぱである」

と、ほめたたえたり、

「妻を何人も持ってはいかんという〝教え〟さえなければ、予もいつでもキリシタンになろう」

と、いったりするほどでした。

ところが、一五八七年（天正十五年）の夏、九州の博多で、とつぜんこれまでの好意的な態度をひるがえして、伴天連追放令を出しました。

秀吉のこの追放令には、

「キリシタン国から日本に邪法を伝えるのは、はなはだけしからぬ。伴天連たちはその知識をもって、自由に信者を獲得してもよいと考えているが、日本の仏法を破壊するのでまことにけしからぬ。そこで伴天連は日本の地に置かぬことにするから、二十日のあいだに帰国すべきである。

黒船（貿易船）は商売のためにくるのであるから、別である」

と、いうようなことが、記されています。

秀吉は気まぐれな人物であったといわれていますが、とつぜんキリシタンの布教をやめさせ、当時何年もかかってヨーロッパからきていた百二十名ほどの宣教師たちに、

「二十日以内に日本から出ていけ」

というのは、あまりにもかかってすぎるでしょう。第一、船もありません。各地で布教をつづけている宣教師たちを、ひとところに集める時間的な余裕もありません。

なぜ秀吉は、とつぜんこんなことをいい出したのでしょう。

その理由については、いまだに謎とされていますが、この時秀吉は、キリシタン大名としてもっとも有名な高山右近にむかって、

「キリシタンの信仰を棄てなければ、大名の地位と領地を取りあげる」

とせまり、つぎのようにいっています。

「日本において、身分のある武士や武将たちのあいだに、キリシタンの教えがひろまっているが、予は右近がかれらを説得してひろめていることを知っている。予は、それを不愉快に思う。なぜなら、キリシタンどものあいだには、血を分け

た兄弟以上の団結がみられ、天下に影響をおよぼすことが案じられるからである」

右近をはじめとするキリシタンの武将たちがひきいる〝キリシタン軍団〟は、戦場にあっても一糸《いっし》乱《みだ》れず「血を分けた兄弟以上の団結」をみせて活躍します。天下の統一をめざして着々とその足場をかためている秀吉は、肉親よりも強い団結をみせるキリシタンたちに不安を感じたのでしょうか。

秀吉はのちになって、

「パードレ（外国人）たちを追放したのは、多数の大身《たいしん》たちをその教えにひき入れて、日本において反乱を起こすおそれがあるからである。そのことは、これまでだれも気づかなかったが、じぶんだけはそれを見ぬいていた」

と、ほこらしげに語ったといわれます。

この話がもし事実だとすれば、秀吉の〝伴天連追放令〟の裏には、ずっとのちになって家康が布告した一六一四年の〝キリシタン禁教令〟とほとんど同じような「権力者の不安」があったのでしょう。

それはともかく、秀吉から「キリスト教を棄てよ」とせまられた時、右近はどう答えたでしょう。

右近はきぜんとした態度で、
「たとえ全世界をあたえられても、わたしは信仰を棄てる考えはありません」と答え、その日のうちに大名の地位と明石《あかし》の領地六万石を秀吉に返して、静かに秀吉のもとを去っていきました。

一方、「二十日以内に日本から立ち去れ」と命じられた外国の宣教師たちは、出国する船のないことを口実に六か月の猶予を秀吉に願い出ていましたが、数名の宣教師を平戸から一時中国に移しただけで、大部分のものたちはひっそりとキリシタン大名の領内に身を隠していました。

秀吉の、一五八七年夏のこの〝追放令〟の発布から、わが国のキリシタンの歴史は新しい時代に入っていきます。しかし秀吉の禁教令というものは、権力者のほんの身がってから出たものであることが、やがてはっきりとわかってくるのです。

一五九三年(文禄《ぶんろく》二年)夏のことです。

スペインの植民地であったフィリピンの総督の使節として、フランシスコ会のバウチスタ神父一行が来日すると、秀吉は使節の役目の終わった神父の願いを聞きいれて、日本での滞在を許可しました。そこでバウチスタ神父は大坂や都に教会や病院をつくり、貧しい人びとの世話をしながら、布教をはじめたのです。

こうなると、布教を禁じられていたイエズス会の神父たちも少しずつ活動をしはじめ、秀吉の禁教令も有名無実なものになってしまいました。

ところが、それから三年後の一五九六年（慶長元年）十月のことです。四国・土佐国（高知県）の浦戸の沖に、フィリピンのマニラからメキシコにむかうスペインの貿易船サン・フェリッペ号が漂流してきたことから、大きな事件が持ちあがったのです。

浦戸で秀吉の奉行であった増田長盛《ました ながもり》の取り調べを受けた航海長は、当時メキシコやフィリピンを植民地にして、その権勢を世界にほこっていたスペインについて尋ねられた時、少しばかり得意になって、

「わがスペイン国王は、通商する国々にパードレたちを送って、キリスト教をひろめます。その国の人びとが親切であれば、長くわが国との交友がつづくでしょう。もし反対に虐待されれば、国王はこんどは兵を送ってその国を滅ぼすでしょ

う」

　と、語りました。

　サン・フェリッペ号は何度も台風に出会って遭難し、日本に救助を求めてやってきたのです。それなのに、船に積みこまれていたばく大な金額の商品は全部没収され、きびしい取り調べを受けているのです。航海長は腹を立てて、奉行に少しばかりじぶんの国の強さを自慢してみせたかったのかもしれません。

　このことが秀吉の耳に入ると、怒った秀吉は都や大坂にいたバウチスタ神父をはじめ、外国人宣教師六名をふくむキリシタンたちを逮捕しました。逮捕されたキリシタンたちは都や大坂の施療所で病人などの世話をしていた人たちでした。そしてこの事件がキリシタンの歴史の上で有名な〝二十六聖人の殉教〟事件へと、さらに発展していくのです。

　長崎までひきたてられて、西坂の丘ではりつけの刑に処せられた二十六人の殉教者のなかには、まだあどけない十二歳の少年までふくまれていました。

　わが国最初のこの大きな殉教事件は、もちろんほかのキリシタンたちへの見せしめのためのものでしたが、このころの秀吉は国内のことよりも朝鮮への侵略戦争にいそがしく、キリシタンに対しても、わが国への布教禁止を口にしながら、それ以上の迫害をくわえていません。そして、二十六聖人の殉教事件が起きた五年後の一五九八年（慶長三年）、秀吉は伏見城で六十三歳の生涯を閉じました。

日本の歴史はこのあと、関ヶ原の役（一六〇〇年）を経て、いよいよ徳川家康の時代に移っていきます。しかし家康も江戸に開いた幕府の足がためにいそがしく、しばらくはキリシタンに関してほとんど放任状態でしたが、いよいよ幕府の基礎がかたまりだすと、キリシタンの対策に手を染めだし、ついに一六一四年の全国的な禁教令の布告になるのです。

こうして、ザビエルの来日にはじまる家光の時代までのおよそ百年におよぶわが国のキリシタンの歴史をふりかえってみると、つぎのように三つの時代区分ができます。

ザビエルの来日（一五四九年）から秀吉の九州、博多における〝伴天連追放令〟（一五八七年）までが第一期。これ以後、家康の一六一四年の禁教令の布告、高山右近などの海外追放までが第二期。そして第三期が家光のよりきびしい迫害の時代です。

第二章　殉教者と背教者

報奨金つきキリシタン狩り

一六三五年（寛永《かんえい》十二年）に、江戸や都の辻に立てられたキリシタンを探し出すための高札の報奨金は、つぎのようなものでした。

南蛮ばてれん（外国人神父）　銀百枚
南蛮いるまん（同修道士）　日本ばてれん（日本人神父）　銀五十枚
きりしたん（一般信者）　銀三十枚

ところが、三年後、キリシタンと重税にあえぐ農民たちによる反乱〝島原の乱〟の直後の高札になると、

南蛮ばてれん　銀二百枚
南蛮いるまん　日本ばてれん　銀百枚
きりしたん　銀三十枚あるいは五十枚

――というように、報奨金の額が大きく改められています。

伴天連にかけられた最高の金額は、三十年後の延宝二年（一六七四年）には「銀五百枚」になっています。この額を現在の値になおしてみると、七百万円近くにもなります。

こうして報奨金がつりあげられていくと、密告者はともかく、その金額に目がくらむ偽キリシタンも出てきます。

江戸の町奉行加賀爪民部《かがづめみんぶ》が南町奉行《みなみまちぶぎょう》の時といいますから、寛永八年から十五年（一六三一年から三八年）のことになります。江戸にいた貧しいある兄弟が大金をせしめようとしめしあわせ、弟をキリシタンにして、兄が奉行所へ訴え出たのでした。

ふたりのたくらみは一応成功して、兄は多額のほうびをもらいましたが、牢につないだ弟を取り調べてみると、キリスト教についてはなにも知りません。いいかげんなことばかりをいうので、きびしく責めると、弟は親に楽をさせたいため、兄としめしあって大金をだまし取ることを考えたと、白状したのです。

弟は、それこそ「目から血の出るほど」泣いて、

「わたしは、どんな刑罰を受けてもいいですから、親や兄たちをどうかゆるしてください」

と、訴えました。

キリシタンは当時火あぶりかはりつけの刑でしたから、この弟もそうとうな覚悟ができていたでしょうし、役人をたぶらかし、お上《かみ》（幕府）をあざむこうとしたのですから、きびしい刑罰はまぬがれないところでしょう。

ところが、町奉行も、その上司である井上筑後守も、この弟をゆるしたのです。

それればかりではありません。

「まれにみる孝行者」

と、ほめたたえたうえ、筑後守は金十両、加賀爪民部は金一両、そのほか六両ものほうびをあたえ、なお兄弟に就職の世話までしてやったというほどの入れこみようです。

人をあざむいて大金をせしめようとたくらみながら、それがわかってしまうと、反対に「まれにみる孝行者」とほめたたえるとは、おかしな話です。このエピソードが当時の「江戸の美談」としてひろめられた裏には、キリシタン密告をさらにすすめてとりしまりをきびしくしようという、幕府の思惑があったのだと思われます。

幕府はこうして報奨金をつりあげ、一般の人たちを全員どこかの寺に所属させてキリシタンでないことを証明させたり、隣近所を五軒一組にしてたがいにキリシタンを監視させるという「五人組制度」までつくりました。この制度は、五軒のうちの一軒から、もしキリシタンが発見された場合、連帯責任としてほかの家も罪に問われ、各家の夫婦と男子が死刑にされるという不当な制度です。

このほか、このころになると「踏絵《ふみえ》」（絵踏《えぶみ》ともいう）の行事が各地でいっそうきびしくおこなわれるようになりました。

キリスト教の聖画像をはだしで踏ませて、信仰をためす「踏絵」は、寛永のはじめに九州でおこなわれたものですが、

「信者の老婆や若い女などは、デウス（神）の踏絵を踏ませると、上気して、かぶりものをとり捨て、息があらくなって、あせをかく。また女によっては人にみられないように踏絵をしていくものもある」

と、記録に残されているように、人間の心を試す方法まで考え出して、隠れて

いる信者をみつけだそうとしたのです。

この「踏絵」の悪質さについては、ヨーロッパにも広く知られていたらしく、イギリスの作者スウィフトは有名な『ガリバー旅行記』のなかで、わざわざ船医ガリバーを日本へ立ち寄らせています。そして「踏絵」についてのおそろしさを語らせ、「あの儀式だけは免除していただきたい」と、いわせています。

これらの制度などをみてくると、まさに「ねずみ一ぴき見逃さぬ」という幕府のキリシタン対策ですが、このうえ幕府はさらに外国との交渉を断って国の門戸を閉じるという、鎖国政策までうち出していくのです。

一六三三年(寛永十年)から一六三九年(寛永十六年)までに、四度も書き改められて布告された鎖国令《さこくれい》には、つぎのようなことが記されています。

「異国(外国)へ日本船をつかわすことをかたく停止する」

「日本人を異国へつかわしてはならない。ひそかにいったものがあれば、捕らえて死罪に処する」

「異国にわたって居住した日本人で、帰ってきたものは死罪に処する」

「南蛮人とのあいだに生まれた子ども、ならびにその子をもらって養子にした父母は、ことごとく死刑に処するところだが、身命を助けて、南蛮人にさしわたす。こんごそれらのものと文通したり、それらのものが日本へ帰ってきた時は、本人はもちろん死刑。親類以下、かかわりを持ったものたちは、それぞれの罪によって処罰する」

日本人の海外往来を禁じたこれらの条例をみると、幕府は外国へいったもの、外国人と接したものすべてにキリシタンの疑いをかけていることがわかります。漁師や運搬船の船乗りたちが時化《しけ》で遭難し、外国船に救われて帰国しても、幕府はふつうでは考えられないきびしい取り調べをおこなっています。

こうして幕府は、さらに鎖国政策の徹底化をはかり、ポルトガルやスペインの貿易船の来航まで禁じ、これまで平戸にあったオランダの商館を長崎港内の埋め立て地である出島《でじま》に移し、わずかにオランダと中国との貿易を許すことにしたのでした。外国との交易によってもたらされるばく大な利益はもちろん、めずらしい文物などに目を閉じてまで、幕府はキリスト教のわが国への侵入をふせぎ、その地歩をかためようとしたのです。

しかし、こうした制度をつくり、いくら見せしめのための残酷な刑をおこなっても、キリシタンを「根絶やし」にすることは、できません。残酷な刑をおこなえばおこなうほど、キリシタンたちは最後まで神の教えを守って殺されていった殉教者たちをあがめ、ますます信仰心を高めていきます。

そればかりか、幕府の処刑の残酷さに一般の人たち、仏教徒たちも反感を見せ、殉教者たちに同情する人たちも出てくるのです。そのうえ、迫害の知らせが海外にもたらされると、信者たちを救おうと、殉教覚悟で日本人に変装し、ひそかにやってくる宣教師たちも、あとを断ちません。

こうなると、幕府としてはこれまでの方策を考えなおさなければならなくなりました。キリシタンぎらいで有名な将軍家光も、

「仏教徒に改宗させてゆるすようなことはしない。捕らえて、ことごとく処刑せよ」

などと、いってはいられなくなり、キリシタン対策の転換を考えなければならなくなったのでした。そしてここに、家光の信望のあつい大目付井上筑後守が宗《しゅう》門改《もんあらため》（キリシタン奉行）を兼任して、わが国のキリシタンの歴史の上に登場してくるのです。

キリシタン屋敷をつくった人

井上筑後守政重は、天正十三年（一五八五年）遠江国《とおとうみのくに》（静岡県西部）に生まれました。

二十三歳の時、二代将軍秀忠に仕えて御書院番《ごしょいんばん》（将軍の従者）となりましたが、秀忠の家臣となるまえにキリシタン大名であった蒲生氏郷に仕えていました。そのころキリスト教の洗礼を受けて信者になりましたが、一六一四年に禁教令が出た時、棄教したといわれています。

秀忠に仕えていたころは、たいした働きもありませんでしたが、元和二年（一六一六年）、家光の家臣となって五百石の禄を受けるようになってからの出世はめざましいものがあります。寛永二年（一六二五年）には目付《めつけ》となって二千石、二年後には筑後守を名のり、さらに寛永九年（一六三二年）には三千石をたまわって、全国の大名たちを監視する大目付の重職につきました。そして寛永十七年（一六四〇年）には上総国（千葉県）に一万石をあたえられ、宗門改の責任者として外国船のとりしまりと、キリスト教禁止の最高責任者として、その手腕をふるうことになりました。当時の政府（幕府）の外交問題と国内警備の両責任者を兼ねていたのですから、教養の高い、仕事のよくできる重要人物のひとりといえます。

井上筑後守は、当時としてはたいへんなハイカラ趣味の人物でした。洋服を好んで着用し、西洋ふうの料理を好んだといわれ、長崎に出むいた時などは、オランダ人にチーズやぶどう酒、西洋の医薬品などをたびたび求めていたことが、オランダ商館の日誌などに記されています。

西洋の文物に強い関心を寄せ、かつてキリシタンであったことのあるらしいこうした人物が、いったいどのような新しい方策をたてて、キリシタンをとりしまろうとしたのでしょう。

ずっとのちの一六五八年（万治元年）、筑後守は後任のキリシタン奉行北条安房守《ほうじようあわのかみ》に、キリシタン取り調べのための手引きのようなものを伝えています。そのなかに、つぎのようなことが記されています。

「取り調べの時は、二、三日相手のもうすことばかりを聞き、そののち聞きとどけたことのなかから、不審なところを衝《つ》いていく」

「拷問ばかりにたよることは、よいことではない。いろいろと手をまわし、思案をめぐらして取り調べ、ことこまかに問いただしていくことがたいせつである。そして、どうしても信者であることを隠したり、隠れている仲間たちのことをかばうようであったら、その時は拷問にかけるべきである」

「拷問は強くおこなうばかりでも、白状はしない。また弱くやっては、よけい白状はしない。よく相手の心を考えて、やるべきである。そして、何度も拷問をくわえなければならないものには、木馬がよい。しかし強く責めれば相手はくたびれ、重ねておこなえないこともある。よく注意しておこなうべきである」

――木馬というのは、三角にとがらせた木の馬の上にまたがせる刑罰のことです。両足につるした重石《おもし》をふやすことで、苦痛がますようになっています。しかしこれらの刑罰も、けっしてキリシタンたちを殺すためではありません。

「（木馬）をきつくすれば死んでしまうことがあるし、病気になってしまうこともある。木馬をおこなう時は、死なないようにやるべきである」

こうして見てくると、井上筑後守は捕らえたキリシタンを残酷な方法で処刑するよりもできるだけ取り調べ、説得して棄教させるほうがよいと考えたのです。

この考えは、これまで「キリシタンの根絶やし」をかかげて強力にすすめてきた将軍家光の方針とまるで反対のものですが、筑後守が後任者の北条安房守に語ったといわれるつぎのような話によると、この方針の大変更は家光自身がいいだしたことだというのです。

「（家光は）家康公から『ヤソ教（キリスト教）は邪法であるが、人になるほどと思わせるところがあるから、その点注意せよ』といわれたというが、貴公（安房守）も、そういう心がけが必要であろう。

また家光公は、こうもおおせられた。『ヤソ教は不吉な教えであるが、そのためにわが国民をひとりでも死刑にすれば、それだけ国の損である。なるべく、わが国が損をしないように改宗させるべきである』と」

これまで家光がしてきたことを考えると、この話のなかにあることばは、とてもほんとうのこととは思えません。事実とすれば、それこそことわざにある「君子は豹変《ひょうへん》す」ですが、この話が語られたのは当の家光が死んでから数年もあとのことです。頭のきれる筑後守のことですから、じぶんの心根を家光に託して後任者に示したのかもしれません。

キリシタン奉行となった井上筑後守は、一方で鎖国政策を強力にすすめながら、これまでの幕府のキリシタン対策を大きく転換させました。そして捕らえた信者たちに棄教、仏教徒への改宗を迫り、大きな影響力を持った宣教師たちを日本橋小伝馬町の牢屋から、小石川小日向にあるじぶんの屋敷のなかに幽閉し、時間をかけて詮議・説得することにしたのです。宣教師を一般の罪人たちといっしょの牢に入れておくと、たちまち罪人たちがキリシタンになってしまうので、それを防ぐことと、キリシタンに関することを世間から忘れさせるために、いっさいを秘密のうちに処理しようと考えた頭のきれる筑後守の〝妙案〟によるものです。

ところで、キリシタン奉行井上筑後守の小日向の屋敷が、「キリシタン屋敷」と呼ばれるようになるのは、のちのことです。

最初のころは、屋敷内に牢屋をつくり、そこに宣教師たちを閉じこめて詮議をしていましたが、一六四六年（正保三年）になって改築が整った「キリシタン屋敷」は、屋敷というよりも、現在の刑務所のようなつくりです。

その絵図があります。それらによると、広さはおよそ四千坪（一坪は三・三平方メートル）という広大なものです。高台に位置する屋敷の周囲には、高いへいと深い空堀がほりめぐらされています。

（次ページのマレガ神父による復元図参照）。

敷地のなかには、さらに石塀がはりめぐらされています。そのなかに長屋ふうの獄舎、倉庫、見張りの番所、取り調べをおこなう吟味所、井戸などがつくられており、与力同心（役人）三名が、昼夜交代でいつも番所に詰めていました。

井上筑後守がじぶんの屋敷へ宣教師たちをあずかるようになってから、この刑務所のようなキリシタン屋敷ができるまでに数年の年月がありますが、筑後守がこの屋敷へ宣教師をつれてきて、最初に取り調べをしたのは、三人の神父でした。

その神父は、寛永十六年（一六三九年）に、密告者によって東北・水沢（岩手県）の山間の地で捕らえられて、仙台から江戸へ送られてきたイタリア生まれのジュアン・バウチスタ・ポルロ神父、翌年同じように仙台で捕らえられた日本人

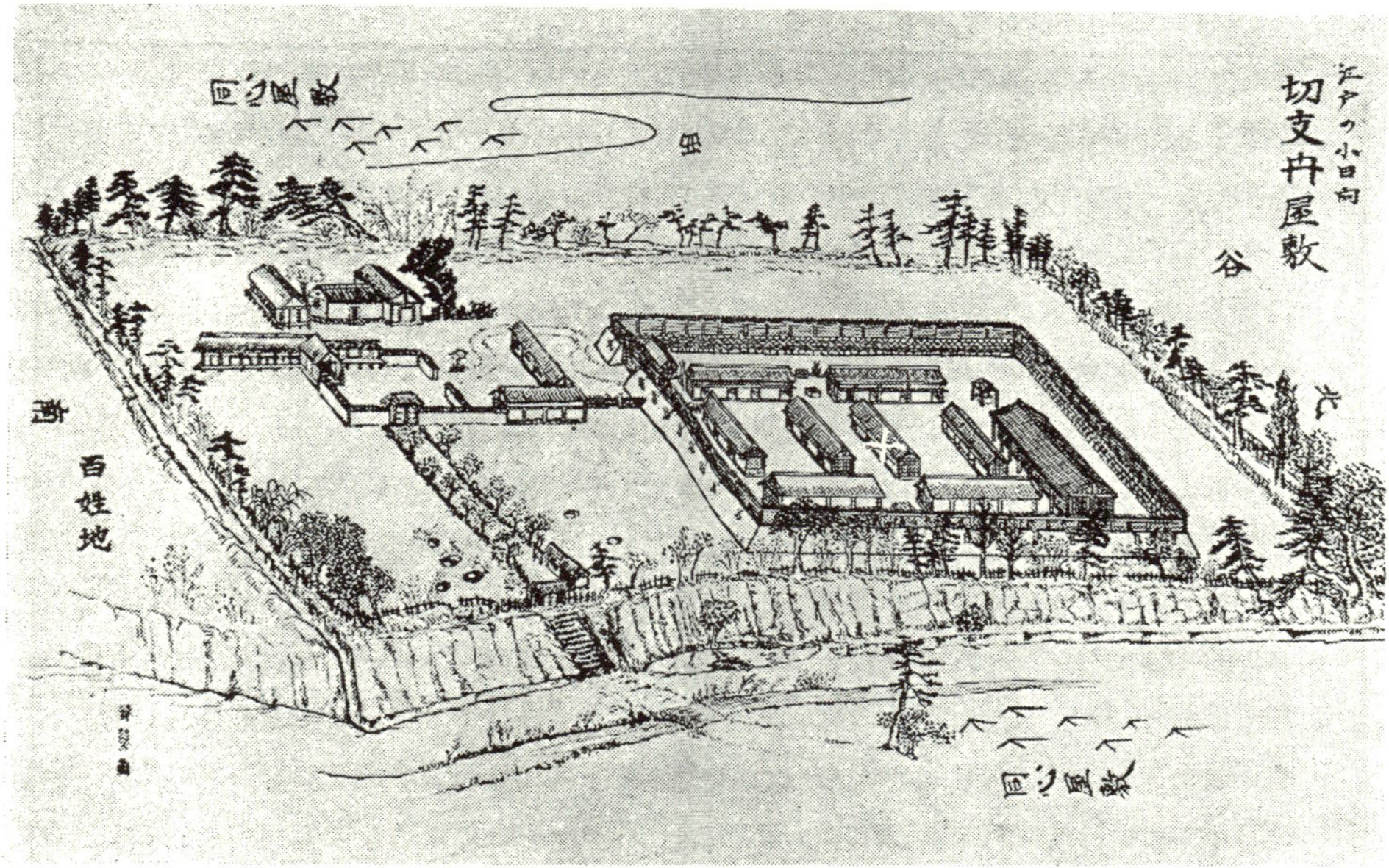

マレガ神父による切支丹屋敷の復元図（『キリシタンの英雄たち』ドン・ボスコ社）

神父ペトロ・キベ、前年仙台で捕らわれたマルチノ・市左衛門神父の三人です。

この三人の神父たちのことにふれながら、その後、約百四十年存続したキリシタン屋敷内で起こったできごと、幽閉された人たちのことについて、つぎに紹介してみましょう。

キリシタン目明かしはもと神父

仙台から送られてきたポルロ、ペトロ・キベ、マルチノ・市左衛門の三人の神父は、江戸に着くと小伝馬町の牢に入れられ、当時の最高裁判所ともいえる評定所へ四度もひき出されて、きびしい詮議を受けながら棄教をせまられました。

この時、幕府側から神父たちを説得するよう長崎から呼びつけられたのは、日本名を沢野《さわの》忠庵《ちゅうあん》というポルトガル生まれの〝ころび伴天連〟フェレイラです。〝ころび伴天連〟というのは信仰を棄て、仏教徒となった外国人神父のことです。

フェレイラはイエズス会の日本副管区長という重要な役についていましたが、一六三三年（寛永十年）長崎で捕らえられ、同地で穴のなかに逆さずりにされるという拷問を受けて、信仰を棄てたもと神父です。

フェレイラが逆さづりの刑にあったとき、同じ刑を受けて隣にいたのが、少年の時往復八年半という歳月を費やして長崎からローマの教皇のもとまでいったことのある〝天正少年使節〟のひとり、中浦ジュリアン神父です。中浦神父は、隣にいる上司のフェレイラが苦しみあえぎながら四日めに棄教をもうし出たあとも、そのまま刑にふくして、殉教していきました。

棄教後のフェレイラは、ほかの罪で処刑された日本人沢野忠庵の名をあたえられ、その妻と結婚させられました。そしてこんどは、〝キリシタン目明かし〟となって、幕府の迫害に手を貸すことになったのです。

評定所に呼び出されてきたフェレイラは、かつての部下である三人の神父にむかって、棄教するよう説きました。

「デウス（神）は、慈悲深いというが、あなたたちがこのような苦しみを受けても、救ってくれない。そのようなものをいつまでもあがめていることはありません。神の教えなど、棄ててしまいなさい」
棄教したフェレイラは、「神などいない」と説くのですが、三人の神父たちはまるで耳を貸しません。反対にフェレイラにむかって、聖職者としての行為の誤りを説いて、信仰にたちもどるようせまるので、フェレイラの説得はなんのききめもありません。ことにキベ神父のことばはするどく、

「フェレイラを憶せず非難したので、フェレイラは白州から姿を隠した」

と、記録にあります。

評定所における三度の取り調べが功を奏さなかったので、四度めには家光みずから出向いてきて、詮議に立ち合いました。

この時家光は〝たくあんづけ〟の発明者として知られる品川・東海寺の沢庵《たくあん》和《お》尚《しょう》ともうひとり、剣豪として知られる柳生但馬守《やぎゅうたじまのかみ》をともなっていました。沢庵和尚のほうは宗教についての指南役のつもりでしょうが、剣の達人までつれていったというのがおもしろいところです。

当時は、「キリシタンは魔法や妖術を使ってなにをするかわからない」と一般に思われていましたから、将軍もそのことを警戒し、身を守るために剣の達人を

ともなっていったのでしょうか。
しかし、将軍みずから立ち合って詮議をしても、なんの進展もありません。そこで家光は、三人の神父の身柄を井上筑後守にあずけることにしたのです。「強情な伴天連どもだが、頭のきれる筑後守にあずければ、なんとかするだろう」というわけです。めざましい出世ぶりをみれば、家光の筑後守に寄せる信頼ぶりはそうとうなものだったことがわかります。
こうして、筑後守の屋敷に牢がつくられ、宣教師たちの詮議の場になっていくのですが、三人の神父たちのその後について、当時の記録につぎのようにみえます。

「右三人の伴天連ども、筑後守の所にて、十日ほどキリシタンの法をせんさくいたす。十日過ぎ、三人の伴天連のいる牢屋に筑後守の家来をつかわし、拷問申しつけたるところ、ポルロ神父、マルチノ・市左衛門ころばせ（棄教させたこと）……、筑後守の所に一、両年さし置き候ところ、ふたりとも病死つかまつり候……」

三人の神父たちの拷問には「木馬責め」が用いられたと、ほかのところに記されています。

こうした記録の上からでは役人たちの取り調べ方や、拷問にかけられている人たちの肉体的な苦痛、精神の苦悩というものはわかりませんが、十日も詮議・せんさくがつづいては、ふつうの人間ではまいってしまうでしょう。

しかし、キベ神父だけは、それでも「どうしてもころびもうさず」、筑後守は最後の手段として、このころはほとんど用いられなくなっていた、逆さづりの刑に処して、神父の屈強な精神と肉体をうばったのでした。

このキベ神父というのは、聖地エルサレムに足跡をしるしたはじめての日本人として知られるペトロ・カスイ・岐部神父のことです。

岐部神父は豊後国浦辺（大分県東国東郡国見町）に生まれ、有馬にあったセミナリオ（神学校）で学んだあと、将来神父になることを夢みていました。そして幕府が禁教令を布告して全国的なキリシタン迫害をはじめた一六一四年、ほかのものたちとともにマカオへ追放されました。

その時、岐部神父は二十七歳でした。どうしても神父になりたいという願いを心にひめていた岐部神父は、マカオからインドのゴアにわたると、そこから地図のうえでの最短距離の道をとってローマへいくことを決意します。そして、たったひとりでペルシアにわたると、そこから隊商の通る広大な砂漠を徒歩で横断し、聖地エルサレムを経てローマにわたり、むずかしい神学の試験を受けたのち、あこがれの司祭となってイエズス会に入会したのでした。

日本における迫害のすさまじさは、遠いローマの地にも伝えられていました。司祭となった岐部神父は、母国で苦しみながら信仰を守りとおしているキリシタンたちのことを思うと、いてもたってもいられない気持ちでした。一日も早く母国に帰って、苦しんでいる信者たちの力にならなければ、神父になった意味はありません。そこで岐部神父は、こんどはローマからスペインのマドリードを経てポルトガルのリスボンに出ると、アフリカ大陸の南端喜望峰をまわる貿易船に乗ってインドのゴアへひきかえし、そこからフィリピンのルパング島を経て、ひそかに九州に潜入したのでした。そしていっそうはげしさをましている迫害のあらしのなかを東北地方におもむいて布教をつづけていましたが、帰国してから九年め、江戸で拷問を受けた信者の告白によって、役人に捕らえられたのです。神の愛にめざめ、これほど行動的で不屈な生涯を送った日本人神父はほかにはいないでしょう。岐部神父の生涯をふりかえる時、いつでも心の底から熱い感動がわきあがってきます。

ところで〝ころびバテレン〟フェレイラが沢野忠庵という日本名をあたえられて、幕府のキリシタン迫害の手先になっていたことはまえにも記しましたが、当時のイエズス会日本副管区長という要職にあったフェレイラの背教の知らせが海外に伝わると、たいへんなさわぎが持ちあがりました。

なかでも、マカオにいた同じ会のルビノ神父は、みずから禁教下の日本にのりこんでフェレイラと会い、信仰をとりもどさせようという強い信念に燃えました。拷問の末の背教だとはいえ、フェレイラのしたことはイエズス会の恥であると、おおいにいきどおったのでしょう。じぶんとともに日本へ潜入する同士をつのったのです。

その結果、何名かの宣教師たちが名のり出たので、ルビノ神父は希望者とともにマニラにわたり、そこで希望者を二組に分けました。そしてじぶんは先発隊となって四人の宣教師と三人の従者をともない、中国人に変装して日本へ向かいました。マニラを出帆したのは、一六四二年（寛永十九年）七月のことでした。ルビノ神父の一行は、天候にめぐまれた航海をつづけ、八月には鹿児島の甑島《こしきじま》に無事に上陸しましたが、上陸後はすぐに捕らえられて長崎へ送られました。そして同地でさまざまな取り調べと責苦にあい、七か月後に逆さづりの刑に処せられて全員殉教しました。

ルビノ神父は取り調べを受けている時、通詞（通訳）として出向いてきたフェレイラからさかんに棄教をすすめられました。フェレイラは幕府によって『顕偽録』という背教の書物を書かされ、そこには、

「神が天地の作者、あらゆるものの主、知恵の源であるというなら、人間をつくる時、どうして世界中の人たち全員が、そのことを知るようにつくらなかったのか。神が慈悲の源というなら、どうして人間のあらゆる苦悩、苦痛のたえないこのような人間の世界をつくったのか——」

というようなことが書かれています。

フェレイラは、ルビノ神父たちにこのようなことをいって、早く苦しみから逃れたほうがいいといったのでしょう。

この時、ルビノ神父たちは、一日おきに口からあふれるほどむりやり水を飲まされる水責めや、焼けた鉄片をからだにおしつけられる火責めにあって、棄教をせまられていたのです。

しかし、ルビノ神父は、

「わたくしたちは禁を犯して日本へきたのです。ですから、いかなる刑罰もたえしのぶ覚悟があります。責苦は肉体の苦痛をともないますが、それから逃れようとして、魂までけがすことはできません。あなたこそ、神にあわれみをこい、改心して、もう一度清らかな魂をとりもどすべきです」

と、反対にフェレイラの背教を責めつづけました。そのため、岐部神父たちの時と同じように、フェレイラはその場にいたたまれなくなって、席を立ったといわれます。この時のフェレイラは、六十二歳です。部屋を出ていくその後ろ姿に、信仰を棄てた孤独な老人の哀しさがうかがえるようです。

先発隊につづく第二隊の運命

ルビノ神父たちは全員長崎で殉教しましたが、それにつづいて七十歳になるマルケス神父のひきいる第二隊が中国のジャンク船をあやつってマニラを出帆し、日本に向かいました。

この第二隊の十名が記録の上にみえるキリシタン屋敷幽閉者《ゆうへいしゃ》の第一号です。

それぞれの氏名、年齢、生国は、つぎのとおりです。

ペトロ・マルケス神父　七十歳　ポルトガル生まれ。

アロンソ・アロヨ神父　五十一歳　スペイン生まれ。

フランシスコ・カッソウラ神父　四十歳　イタリア生まれ。

ジョセフ・キャラ神父　四十一歳　イタリア生まれ。

アンデレイ修道士　四十二歳　日本人で長崎・茂木生まれ。

ロウレンソ・ピント　三十二歳　父は中国人、母は日本人とポルトガル人のあいだの生まれで、長崎から追放された同宿（教会に住み神学や雑務に従事しているもの）。

ジュリヤウ　五十一歳　大坂生まれの日本人同宿。

カセンド　五十二歳　京都生まれの日本人同宿。

ジュアン（寿庵）　二十三歳　日本人同宿。

ドナ（二官）　十九歳　中国人同宿。

この第二隊の十名は、一六四三年（寛永二十年）六月、先発隊よりちょうど一年後に九州・筑前（福岡県）の大島にたどり着きました。その時のようすを、筑前国の領主黒田家に残された文書がつぎのように伝えています。

「寛永二十年五月二十七日、当国大島の内津背《うつせ》というところに、異国船が一そうやってきた。船中の人が陸にあがって、あちこちみまわしているのを、島の神主甲斐四郎左衛門の弟である仁兵衛が見つけ、近づいていって尋ねると、日本のことばが通じ、このあたりのことを問うてきた。

山の上にある番所を見て、あの家はなんだというので、あれは異国より邪宗をすすめるため、ひそかにわが国にわたってくるものがあるので、異国船を見張る番所だというと、異国人どもはおどろき、銀二枚を取り出して仁兵衛にあたえ、あわてて船に乗って逃げ出した……」

──あやしんだ仁兵衛は、すぐに島の役人に知らせせようとしましたが、先方に感づかれてはまずいと思いなおし、帆影が見えなくなるまで浜にとどまってから、役人のところへ走りました。そしてみんなで船を出して後を追い、逃げた船を大島へひきもどして、領主のもとへ報告したというのです。

船に乗っていたその時のマルケス神父たちの風体については、

「みな日本人の刀や脇差しをさし、衣服、髪まで日本人に似せて結っていたが、形相はまるで変わっていた」

と、あります。

こうして捕らえられた第二隊の十名は、まず長崎へつれていかれました。それから江戸に送られて、いったん小伝馬町の牢に入れられ、井上筑後守の取り調べを受けましたが、それから三か月後、小石川小日向の高台にある筑後守の屋敷へ収容されました。

この三か月のあいだに、どのようなことがあったのか――。長崎の出島にあるオランダ商館長の江戸参府の日誌（寛永二十年十月、一六四三年）に、そのことが記されています。

「去る七月、江戸に送られたポルトガル人たちは数回拷問を受けて、ついにみな神を否認し、信仰を棄てた。現在はなお囚人として望むところに行くことは許されぬが、好遇を受け、各人生活費として死ぬまでひと月五俵の米とお金が支給されることになったと、通詞（通訳）から聞いた」

また、日本の記録にも、

「十人のもの長崎より召し寄せ、筑後守にあずけ、いろいろせんさく、拷問をくわえた結果、四人（神父たち）ころび、偽りでないよう証文をとった。入満《イルマン》（修道士）、同宿どもは伴天連（神父）よりまえに、ひとり、ふたりずつころび申し候……」

と、あります。

第二隊のマルケス神父の一行は、江戸に送られてから三か月後に全員棄教してキリシタン屋敷の住人となったのですが、筑後守の手にかかると、たいていの人たちが棄教しています。

キリシタン奉行の名と地位にかけても棄教させてみせるという顕示欲から、それだけ責め方がきびしかったのでしょうが、オランダ商館長はかいまみた取り調べの光景を、つぎのように記しています。

「夕方……筑後守殿の家に着くと、りっぱな広間に通り、ぜいたくをつくした部屋に案内された……。奉行のうしろに例の背教のスペイン僧（フェレイラのこと）が座していた。

……翌日、全員ともこのスペイン僧が同じ背教の二、三のポルトガル僧（最初に棄教したものたちのこと）に、日本へきた日時、着いた港の緯度などについてたずねていた。……奉行たちは息たえだえの囚人を裁判していた。囚人はポルトガルの神父であった」

「法廷に出頭してみると、四人のイエズス会司祭たちが、拷問を受けていた。かれらの最年少は四十歳ぐらい、ほかのものは五十歳、六十歳、および七十歳ぐらいである。日本服を着ていたが、すぐ日本人でないことはわかった。役人たちはかれらを野蛮にあつかい、かれらは手に鉄のかせ、足に重い鎖をつけられ、身動きできないようにされていた……」

「暗い牢獄の前を通ると、その格子戸の前に四人の有罪となったイエズス会司祭と日本人のキリシタン信徒が、大きな鎖につながれていた。中庭に入ると、絞首台、十字架、および水をたたえた井戸があった……。イエズス会神父、日本人キリシタン信徒はそのあと、ひき出されて拷問を受けた……」

こうして、ルビノ神父以下の第一隊は全員長崎で殉教、マルケス神父以下の第二隊は全員棄教というまったく正反対の悲惨な結果となり、「背教者フェレイラ改心計画」は幕を閉じたのでした。

小石川小日向のキリシタン屋敷の住人となったものたちは、オランダ商館長の日誌にもみられるように、幕府から食い扶持とお金をあたえられ、間口四間（一間は約二メートル）ほどの長屋ふうの部屋に、それぞれ住むことになりました。

拷問・きびしい取り調べで、身も心もつかれはて、背教者となったもと神父たちは、やがてじぶんたちもフェレイラ（沢野忠庵）のように屋敷から外に出され、キリシタン取り調べに立ち合う通詞のようなことをさせられると思ったかもしれません。そうすれば、もう少し自由に世間の風にあたることもできると、思ったかもしれません。しかしこの十名のものたちは屋敷の外に出ることは禁じられ、それからのそれぞれの生涯を、屋敷内で送ることになるのです。

最年長のマルケスをはじめ、もと修道士のアンデレイそのほかの同宿たちも、やがてそれぞれ日本名をあたえられ、屋敷内で結婚させられました。

キリスト教でも、カトリックの聖職者たちは生涯独身で通し、結婚することは認められていません。ですから幕府は――、これも頭のよい〝きれ者〟といわれた筑後守の考え出したことでしょうが、もと神父たちにむりやり結婚をさせ、そのことで棄教の証をさせようとしたのでしょう。なかでもキャラは宣教師たちの「伝道規則を詳細に白状した」ので、筑後守から大いにほめられ、フェレイラと同じように、ほかの罪で処刑された武士の姓名とその妻、刀・わきざしまであたえられて岡本三右衛門と称することになり、妻の従弟や甥たちといっしょにくらすことになりました。

しかし、アロンソとフランシスコのふたりのもと神父は、どうしても結婚することに同意しませんでした。たぶん、拷問のための肉体の苦痛も癒えて悪夢からさめ、正常な精神が回復してくると、棄教をおおいに悔やんだのでしょう。信仰へのたちかえりを役人に申し出たのでした。

そこで井上筑後守は、またきたない手段を考え出しました。

ふたりを屋敷からひき出すと、小伝馬町の牢獄につれていき、むりやり女牢に入れたのでした。その結果、アロンソは二十日ばかりして、病死してしまいました。

女牢に入れられても、アロンソは周囲の女囚には目もくれず、神に必死に罪のゆるしをこい、いちずに信仰へのたちもどりを祈っていたのでしょう。そしてふたたび罪を犯さないように、キリスト教ではかたく禁じられている自害（自殺）の罪を犯さないよう、毎日の食事を極度に減らし、わが身を弱らせながら病死していったのでした。信仰へのたちもどりは認められず、みずから死ぬこともできないという、どうすることもできないぎりぎりの生のなかで、清らかな魂を必死にとりもどそうとするアロンソのこの時の心中を思うと、思わず吐息がもれてしまいます。

もうひとりのフランシスコは、女性とふたりだけで牢に入れられていましたが、そのうちに心を通じ合わせ、両人とも夫婦になりたいと「白状いたし候につき」、さっそく祝言をあげたというのです。

「伴天連の祝言はめずらしく、牢にいるほかのものたちにも見せて、夫婦の杯をとりかわさせたのち、ふたりをキリシタン屋敷へつれ帰った」

と、役人の記録にありますが、このフランシスコも、まもなく病死してしまいました。

病名はなにも伝えられていませんが、信仰へのたちもどりをもうし出たということは、そうとうの覚悟があってのことでしょう。フランシスコもアロンソと同様、それまで結婚することを強いられても応じずにいたのです。ところが女性といっしょの牢に入れられると、まもなく心を通じ合わせ、両人そろって夫婦になることを「白状した」というのです。

役人の記録に見える「白状した」ということばにこだわれば、役人たちが「むりを強いた」という感じがつきまとうことをいなめません。するとフランシスコもアロンソ同様、病死につながるよう、自身の肉体をさいなんで死んでいったのかもしれません。あるいは、むりに結婚を「白状」させたてまえ、のちの口封じのために、病死と見せかけていのちを断たれたのかもしれません。いくたの拷問にもたえてきたものが、夫婦になったあと、まもなく「病死」したというのは、あまりにもふに落ちません。

それにしても、信仰へのたちもどりをふせぐために女牢に入れ、見せ物にまでしたてるとは、なんという手段を考える人たちでしょう。

信仰へのたちかえり

延宝二年（一六七四年）のキリシタン屋敷の記録に、つぎのようなことが記されています。

「二月二十五日より、岡本三右衛門（ジョセフ・キャラ）に宗門の書物を書かせるよう、遠江守（キリシタン奉行）から命じられたので、三人の役人がそれを担当することになった」

「七月十七日より、宗門の書物を岡本三右衛門に山屋敷（キリシタン屋敷）書院で書かせることについて、ふたりの役人が立ち合うことになった」

延宝二年というと、二十七年間権力の座にあった家光もすでにこの世を去り、その子家綱が四代将軍につき、天下を治めるようになって二十三年たっています。初代キリシタン奉行として手腕をふるい、そのせんさく法、取り調べ法も確立し、国の門戸を閉ざす鎖国まで完成させた井上筑後守も、すでに第一線から退いています。

キリシタン屋敷ができてから、この三十年近くのあいだは、時にはキリシタンの疑いをかけられた人たちが踏絵や取り調べを受けたりしていましたが、役人の記録には記されていません。またキャラたちのほかに収容される人たちもいませんし、とりたてるほどのできごとも、屋敷内では起こっていないようでした。

ヨーロッパまで悪名をはせた〝ころび伴天連〟フェレイラも、すでにこの世の人ではありません。キリシタン屋敷の第一号の幽閉者たちは、役人の立ち合いでなければ仲間たちと話をすることも禁じられていましたから、おそらくたいくつな日々をなすこともなく送っていたでしょう。それでも最年長のマルケスとキャラのふたりは、時たま役人が持ってくるヨーロッパの品々の鑑定のようなことをやっていました。そのマルケスも一六五七年（明暦三年）六月にこの世を去り、仏教徒として日本の寺にほうむられました。

屋敷に閉じこめられた四人のもと神父のうちでは、キャラひとりが残るのみでしたが、この年キャラは七十一歳。キリシタン屋敷の住人となってから、三十年の歳月が流れていました。

このころになると、あれだけ幕府が血まなこになっていた外国人宣教師たちの日本への潜入もとだえ、国内のキリシタン問題も一段落していました。

ところが、キリシタン屋敷の記録によれば、キャラは七十一歳になったこの年の二月から、役人の命令によってキリスト教に関する書物を書かされたというのです。

この三巻からなる書物は、現在は所在不明ですが、ポルトガルをはじめとするヨーロッパの国々の事情、数学、天文学にまでおよんでおり、学者の研究によれば、その内容は、「そうとうに充実したレベルの高いものだったことが憶測される」といわれる書物です。

キャラは、この書物を二月から書きはじめて完成させたのですが、翌年延宝三年（一六七五年）の十二月三日の記録には、

「キャラ岡本三右衛門が書物で訴えたことは、充分に検討した結果、三右衛門の考えは誤りであり、日本の宗旨にもどるべきだと議定になり、係の役人から三右衛門にそのように通達させた」

と、記されているのです。

つまり、幕府でキャラにキリスト教に関する書物を書かせ、できあがったものを読んでみたところ、そこに書かれていることはじぶんたちの思っていることとまったくちがっている内容であったから、キャラにつき返したというのです。

そのさい、キャラに、

「その考えは誤っている。日本の宗旨にもどるべきだ」

と忠告をあたえたというのです。

これは、どういうことでしょうか。

「日本の宗旨」というのは仏教のことですから、キャラはキリスト教の書物を書くにあたって、ふたたび神の愛にめざめたのでしょう。そして本心にたちかえり、

もういくばくもないと思えるじぶんの年から、異国の幽閉所で遺書を書き残す心境で、しんけんに書物を書いたのでしょう。役人たちにしてみれば、フェレイラが残した反キリスト教の書物『顕偽録』のようなものをキャラに書かせる心づもりだったのでしょうが、できあがってきたものは、反対にキリスト教を認めるような内容だったというわけです。

のちに碩学（学問のひろくて深い人のこと）として知られ、将軍家宣の政治顧問をつとめた新井白石は、このキャラの書物からキリシタンについての理解を得、キリシタンには、

「（国をうばおうとする）反逆のたくらみなどはなかった」

と、いっています。

古くは秀吉が、

「日本において反乱を起こすおそれがある。予だけがそれを見ぬいていた」

などと高言し、家康、秀忠も一六一四年の禁令で、

「みだりに西洋の宗教をひろめて、（日本を）じぶんたちのものにしようとするきざしがある」

といっておそれたキリスト教を、新井白石はキャラの書物から得た知識によって、「そのようなものではない」といっています。

このようなことからみても、キャラの書いた書物が、キリシタンぎらいだった幕府の役人たちに気に入られる〝反キリシタン〟の書物でなかったことが察せられます。

さらに、これはキャラ自身のことではありませんが、このころキリシタン屋敷の幽閉者たちが棄教したことを悔やんで、それを行動に表していたことをにおわせることが、この前後の屋敷の記録にみられます。

「一六七四年（延宝二年）十月五日　寿庵（中国人のもと同宿ジュアン）、信仰へのたちかえりなどわがままばかりをいうので、とうぶん入牢を申しつける」

「一六七五年（延宝三年）三月十八日　御用の儀があるので、南甫（日本人もと修道士アンデレイ）、二官（中国人のもと同宿ドナ）を、遠江守へ召しつれる」

「同月十七日　寿庵に出牢を申しつける。ただちに遠江守へ申しつける」

「同月十八日　寿庵、二官、南甫の三人、たびたび遠江守のところへ出頭す」
——とあるように、幽閉者たちのほとんどが不満や不平をいっています。捕らわれていることに対する不自由さを思えば当然ありうることと思えますが、少々のことであったら、寿庵のように五か月近くも牢に入れられることはないでしょう。しかものちに奉行である青木遠江守がわざわざキリシタン屋敷におもむいて、出牢をゆるされた三人にそれぞれほうびとしてお金まであたえているのですから、寿庵たちのわがままがたんなる不平不満ではなかったことが察せられるのです。

　こうしてみてくると、キャラの心中も大きくゆれ動き、改心の念をもって書物を執筆したことがうかがえるのですが、キャラのこのあとのことについては、屋敷の記録にはなにも記されていないので、不明です。

第三章　キリシタン屋敷の日々

不人気投票の成果

ここで、キャラが三巻の書物を書いた延宝二年（一六七四年）に、話をもどしましょう。

キャラはこの年、二月から役人に命じられて書物を書きはじめました。

執筆は一時中断していますが、二月十六日の夜、江戸の空にちょっとした異変が生じました。江戸の年譜によれば、この夜、

「はば一丈（約三メートル）ばかりの黒雲が夜空に現れ、東から西へなびき、さながら空中に橋をわたすごとし」

であったというのですから、この黒雲は当時の江戸の隅田川にかかった長橋両国橋の裏を、下からのぞきあげたような感じだったでしょうか。なにかにつけ、縁起をかつぐことの多かった江戸の人たちは、この夜のただならぬ黒雲の大出現

に、不吉なきざしを感じた人も多くいたことでしょう。

はたして、この年は異常気象がつづき、各地で水害が起き、全国的な干ばつにもみまわれました。東北地方では大凶作、四月十五日には五、六寸大のひょうが降ったといいます。
五、六寸といえば野球のボールやソフトボールの球くらいの大きさになります。こんな大きなひょうが降ってきては、作物もひとたまりもないでしょうが、「飛んでいる鳥さえ、このひょうにうたれて空から落下してきた」といいますから、まったくおそろしいものです。
このため、翌延宝三年は「天下の大飢饉」となり、「ちまたに餓死人充満す」という、悲惨な事態をむかえました。

人びとのくらしが極度に悪化しているところへ、さらに翌延宝四年には、東海道・関東地方が洪水にみまわれています。

世間でのこのようなできごとが、小石川小日向にあるキリシタン屋敷のなかにまで聞こえていたかどうかはわかりませんが、延宝四年の九月のこと、世間から隔離されているこの屋敷内で、ひとつの大きな事件が持ちあがりました。

延宝四年（一六七六年）九月四日の夜のことです。何者かが屋敷内の土蔵の錠前《じようまえ》を破っておし入り、すずり箱のなかに入れてあった八十五両という大金が盗み取られるという、盗難事件が起きました。

翌日、知らせを受けた奉行の青木遠江守が屋敷におもむき、現場を調べた結果、犯人は屋敷内にいるものか、そうでなければ屋敷内から手引きをしたものがいるにちがいないということがわかりました。

そこで遠江守は、おもしろいことをはじめました。

キリシタン屋敷で働いているものすべて――、与力、その下にいる同心といった役人から、下働きをしているもの、その人たちの女房まで五十九名全員を集めると、

「盗っ人をみつけるため、けっしてえこひいきをせずに、真実をのべる」

という誓約書を書かせたうえ、ひとりひとりに「だれが犯人だと思うか」という、入れ札（投票）をさせたのです。

投票は無記名ですから、だれがだれに入れ札したかはわかりませんが、この入

れ札で、どうどう一位になったものが「犯人の嫌疑濃厚」というわけです。

この入れ札は、遠江守の屋敷で「用人立ち合いの上」、げんしゅくに開票されました。その結果——、

一ッ橋又兵衛（同心）　十一票
松井九郎右衛門（同）　十一票
内藤新兵衛（同）　六票
徳右衛門（門番）　五票

となり、キャラの召し使いをしている四十二歳の角内にも、四票の入れ札が入っていました。

これら上位にランクされたものたちは、日ごろから素行が悪く、そのうえほかの人たちにあまり好意を持たれず、屋敷内でもきらわれていたのでしょうか。それにしても、「人気投票」ならぬ「不人気投票」の入れ札の上位に、役人の権威をふりまわしている下っぱ役人たちが顔をつらねているのが、おもしろいところです。かれらに対する日ごろの恨みがこんな入れ札に出たのでしょうか。

入れ札の結果を見て、奉行の遠江守は最高点の一ッ橋又兵衛、松井九郎右衛門

などをひとりずつ呼び出しました。そしてこんどは、

「だれが、犯人であると思うか？」

とそのものたちにたずね、それを参考にしながら、あらためて目ぼしいものたちに意見を求めました。

すると、又兵衛、九郎右衛門の上司である与力の河原甚五兵衛というものが、つぎのようなことをもうし出てきたのです。

「入れ札には、あやしいと思われるものがいましたので、そのものの名を書いて入れました。そのものというのは、同心の松井九郎右衛門、内藤新兵衛、それに一ッ橋又兵衛であります。

このたびの盗難事件について、だれが犯人かという証拠になるものは、なにもありませんが、かねてから九郎右衛門は上役のもうすことを、ただうわべで聞くだけで誠意がなく、同心仲間でもよくいうものはいません。

また内藤新兵衛は、九郎右衛門と親しいあいだがらで、よく偽りをもうしますし、またよく夜遊びにも出かけていきます。

一ッ橋又兵衛は、これもふたりと仲がよく、それとなく聞いている同心なかま

のうわさでも、みなこの三人のことをよくいわず、不届きなやつだともうしています。

このたびの土蔵の錠前破りは、戸を降してある竹の棒をぬき、しのびかえしのくぎをぬいていきます。こういう手口は、なみたいていのものにはできません。大工の心得のあるものでなければ、できません。

しかし、もしそういう心得のあるものがおし入ったとしても、屋敷のなかのことはわからないはずです。たとえ、外から侵入したものがいても、屋敷内から手引きするものがいなければできません。それも、そうとうに屋敷内の事情にくわしいものでなければなりませんから、とても下々のもののしわざではなく、少なくとも同心くらいの役のものでなければなりません。

そこで、わたしは、犯人は同心の仲間であると思うのです。

なかでも、一ッ橋又兵衛はもと大工です。そのうえ又兵衛はキリシタン屋敷の普請の時にも立ち合っていますから、まわりの空堀の深さ、どこから潜入しやすいかも知っているでしょう。ことに九郎右衛門、新兵衛は平素から懇意の仲、不届きものの仲間ですから、わたしはこの三人が相談をしてやったことだと思います。もう一度入れ札をおこなってみて、この三人の札が多かったら、ご詮議すべきだと思います。

このたびのことは、屋敷の外からおし入ったものたちだけで、けっしてできることとは思いません……」

引用が少し長くなりましたが、与力河原甚五兵衛の意見では、上位三人のものがあやしいというのです。

こうして疑いは三人の同心にしぼられ、何度も木馬などにのせられて拷問にもかけられました。どこかに盗んだ小判をかくしていないか、それぞれの家のなかも捜査され、妻たちも取り調べを受けました。

取り調べがますますきびしくなっていっても、三人のものはがんとして口をわろうとしません。

取り調べにあたっている役人は、三人のうちもっとも疑いの深い一ッ橋又兵衛の口をなんとかわらせようと、妻を木馬責めにまでしましたが、やがて真犯人がわかったのです。

犯人は又兵衛ではありませんでした。松井九郎右衛門だったのです。九郎右衛門は遊ぶ金がほしくて、かねてつきあいのあるならずものを手引きして屋敷内に入れ、土蔵にしのびこませて小判を盗ませたのでした。

真犯人松井九郎右衛門は、事件の起こった翌年の延宝五年三月七日の夕方、じぶんが手引きをした屋敷内の土蔵前で、首をはねられました。

その日は朝から冷たい雨まじりの〝春のあらし〟が吹いていたようです。屋敷の日誌に、

「雨天風吹き、午後二時過ぎから晴れる」

と、書かれています。

「聖像が出てきた！」

キリシタン屋敷の盗難事件は一段落しましたが、取り調べをおこなっているあいだに、下っぱ役人たちの悪事もわかってきました。

盗難事件でもっとも強い疑いをかけられていた一ッ橋又兵衛は、上司に隠れてキャラを屋敷内から外につれ出すようなこともしていたようでしたが、そうしたことをするために、たびたびキャラたちからわいろを取ったり、上司に無断で夜遊びにいったり、妻にまでいろいろと偽りをいったりしていたことがわかりました。そのため、又兵衛は死罪となり、内藤新兵衛もわいろの取りつぎをしていたことがわかって、職を追われてしまいました。

こうしてみると、キリシタン奉行の青木遠江守が思いついた屋敷内の「不人気投票」もいちおうの成果をあげ、入れ札をした人たちのランクづけも、正しかったことになるようです。

しかし、盗難事件そのものはかたづきましたが、取り調べ中に、新たな事件が持ちあがっていました。そしてじつは、こちらの〝事件〟のほうが、奉行の青木遠江守をはじめとするキリシタン屋敷関係者たちにとって、はるかに頭の痛い問題をふくんでいたのです。

「不人気投票」で四位にランクされたキャラの召し使い角内を取り調べ、はだかにして身体検査をした時、意外なことに首からかけていたお守り袋のなかから、キリシタンがとうとぶ聖ペトロの名がきざまれた小さな像が出てきたのです。

「キリシタン屋敷のなかから、キリシタンが出た――」

関係者たちが、おどろかないわけがありません。

角内がキリシタンなら、妻をはじめその子どもたちも、キリシタンかもしれません。

役人たちはさっそく角内の妻子を呼び出して、着ているものをぬがせ、身体検査までして取り調べました。さらに家のなかになにかを隠していないか、徹底的に家宅捜査をおこないました。そればかりか、角内の出身地が越前（福井県）なので、越前藩に命じて親族をはじめ、友人知人まで藩の奉行所へ呼び出して、キリシタンがいないかどうか調べあげました。

角内はキャラの召し使いですから、とうぜん主人のキャラも呼び出しを受けて、取り調べられました。

また角内と親しくしていた屋敷内のものたち、その妻、子どもにいたるものまで奉行の前に呼び出されて、はだかにさせられての取り調べです。

ひとりのキリシタンや容疑者が出ると、このようにまわりのものたちすべてが調べられます。少しばかりおおげさと思えるほどの大捜査ですが、この捜査の結果、屋敷内の同心杉山七郎兵衛の家から、キリシタンについての書きつけが発見されました。

それまでは事件らしいものも起こらなかった屋敷内に、盗難事件を機にキリシタンの聖像を隠し持つものや、書きつけを持っているものたちが現れたのです。取り調べ関係者たちは、さらに神経をぴりぴりさせました。

さわぎはまだまだ広がり、一時はどうなるかと思われましたが、杉山七郎兵衛の家から出た書きつけは、先年奉行の命令でキリシタンに関する書類を書かされた時、反古にした「覚え書き」のようなものであることがわかり、杉山七郎兵衛は無罪放免となりました。最初の取り調べの時、このようなことはとうぜん七郎兵衛ももうしのべたでしょうが、真相がわかってみると、まったくたわいのないことです。

話が前後しましたが、きびしい取り調べを受けて責められていた角内も、キリシタンでないことがわかり、持っていた聖像も三年まえ、中間（武家の召し使い）をしていた才三郎というものが、屋敷内の畑に捨てたものを角内が拾って持っていたのでした。

屋敷につれてこられて、取り調べを受けた才三郎も、

「そのキリシタンのお守りは、わたしがこの屋敷を出る時に捨てたものにそういございません」

と証言し、その時の事情を知っているという門番の徳右衛門も証言したので、聖像の出所は判明しました。

キリシタン屋敷を出た才三郎は、徳川家の一族である館林の藩主の家で手代をしていることから、一時は取り調べが館林藩主にまでおよびそうになったこの事件も、どうやら幕ということになりました。

しかし、角内は許されたわけではありません。

「そのようなご禁制のものを拾った時は、すぐに役人に届け出るべきであるのに、ひそかに所持していたのは不届至極である」

ともうしわたされ、聖像を畑に捨てたという才三郎とともに、死刑に処せられてしまったのです。

屋敷の記録には、キリシタン奉行青木遠江守の談話が、つぎのように語られて

います。

「今日、角内、才三郎が成敗おおせつけられたことは、ご法度のキリシタン像を拾ったためである。

才三郎にたずねれば、才三郎は拾い、ひまをとる時、捨ててきたという。拾ったり、捨てたりしたといっても、その時、役人にそのことをもうし出なければならないのに、才三郎も角内も、ただ畑で拾ったとしかいわない。それを証明する証拠はなにもない。角内も落ちていたものを拾って持っていただけというが、角内は日本の仏の像をほかのものに売り、拾ったキリシタンの像を守り袋のなかに入れてたいせつにしていたのだから、ただ拾っただけというのでは理由にならない。そこで両人は今日、成敗おおせつけられたのである。

ただいまでも、長崎においては、キリシタンどもが表面的には仏教徒をよそおって、いろいろな寺に所属しているが、心の底ではあいかわらずキリシタンの神をとうとんでいるものたちがいる。いろいろもうしたてても、才三郎も角内も心の底は、わからない。これからは、そういうものを拾ったら、ただちに役人にもうし出たほうがよい」

奉行の青木遠江守はそういって帰っていきました。

――じぶんはキリシタンであるとは白状しないが、拾ったとはいえ禁じられている聖像を持っていたのだから、心の底はキリシタンであるかもしれないというのです。

奉行のこの談話は、読みようによっては、「人の心の内はわからない。しかしあやしいから、あとにめんどうが起こらないように殺してしまえ」というのでしょう。キリシタンでもないものが禁制の聖像を持っているとは、たしかに疑われてもしかたのないところがありますが、ただ、めずらしいものを持っていたいというのも人間の性《さが》でしょう。

しかし、いくらかの罰はあっても、死刑とは、角内も才三郎もとんだめにあったものだと同情したくなります。遠江守の談話には、いろいろと理屈をこねまわし、ふたりを処刑したことに対するあとあじの悪さを隠そうとする、心の内がうかがえるようです。それこそ、「人の心の底はわからない」ところですが――。

こうして土蔵破りの盗難事件から端を発した事件も、どうにかかたがつきました。

キリシタン屋敷は幕府が禁じているキリスト教がひろがらないように、宣教師たちを棄教させ、閉じこめておくいわば刑務所です。閉じこめられている住人たちは静かに過ごしているのに、監視の役目をしているはずの役人たちが盗みの手引きをしたり、わいろを取ったりして悪事を起こしているのですから、これではまったくわけがわからなくなってくるというものでしょう。

キャラとジュアンの〝病死〟

盗難事件にはじまる一連のさわぎもおさまって、キリシタン屋敷にまた平穏がもどってきました。

しかし、キャラをはじめとする幽閉者たちにとっては、また長いたいくつな日々がつづくのです。

キリシタン屋敷に閉じこめられてから、もう三十年以上がたっています。日本へきて、もしあのようなおそろしい拷問にかけられて棄教させられなかったら、いまごろは神の愛に満ちた静かな信仰生活をつづけていたことでしょう。

「じぶんはこのようなところで、いったい何をしているのだろう。どうしてあのとき、信仰を棄てるなどといったのだろう。こんなところでこうしているじぶんは、いったい何者なのだろう。生を受けてからこれまで生きてきたじぶんとは、いったい何なのだろう――」

棄教をしたのですから、じぶんたちはもうキリシタンではありません。かといって、本心からの仏教徒にもなれません。心の支えを失って苦しみが身をさいなむとき、闇の奥のかなたからみえてくるのはほほえみをたたえたサンタ・マリアの姿であり、イエス・キリストであり、神の光です。

「じぶんは、なぜ、神を棄てたのだろう……」

キャラたちは、何度もじぶんをふりかえり、はげしい後悔におちいったことでしょう。

入所当時、十名いた仲間たちも、マルケスをはじめ三人がすでに亡くなっています。残された七名も、全員五十歳をこえ、最年長者の長崎生まれのもと修道士アンデレイは、七十歳をこえていました。ところが、このアンデレイも、盗難事件が一段落した翌年の延宝六年（一六七八年）五月に病死していきました。

アンデレイは四十二歳の時から、三十三年間屋敷に閉じこめられていたことになりますが、病死するとその妻や下女たちは屋敷内から出されて、それぞれの親族のもとに帰されていきました。屋敷内に幽閉されたものの妻や用人たちは、内部のことをいろいろ知っています。それが世間にひろまることをおそれて、幕府はそうした人たちを一生屋敷のなかから外に出さないようにしていました。のちのことですが、キャラ（岡本三右衛門）の妻や用人の長助・はる夫婦でさえ、キャラの死後も屋敷内に閉じこめられたままでしたから、アンデレイの家族たちは理由はわかりませんが、特別な待遇を受けたことになります。

アンデレイのつぎの高齢者は、キャラです。

キャラはこのころ、役人の持ってきたところどころほころびのある「天地之図」というものの修復を命じられ、ジュアンとふたりでその仕事にたずさわっていました。

「天地之図」というのは、そのころの世界地図で、おそらくヨーロッパ製のものでしょう。

最初は志村七郎右衛門の弟平助というものにつくろわせていたのですが、鎖国のためにヨーロッパの地理の知識にうとくなってしまっている日本人にはわからないことばかりです。そこで、屋敷内の書院にキャラとジュアンを呼び出し、役人立ち合いのうえで補修の仕事をさせました。

キャラは、生国イタリアをはじめ、ヨーロッパからはじめて東洋へむかって船出したポルトガルのリスボンや、船でこえたアフリカ南端の喜望峰、インドのゴア、日本へくるまでじぶんが滞在していたマカオなどを地図の上でたどりながら、じぶんの過去をふりかえり、何度も胸の痛みを覚えたことでしょう。

また、ある罪に問われて取りつぶしにあった武家の家から、「モウル剣」というかざりをほどこした外国製の刀剣が出てきたので、キャラは「キリシタンと関係がないか、どうか」の鑑定を、役人から依頼されたりしています。

そのキャラも、アンデレイの死後七年めの貞享二年（一六八五年）七月、八十四歳という高齢で「病死」していきました。

キャラは四十三年間もキリシタン屋敷に閉じこめられていたことになります。

その死を上司に報告する役人の文書には、つぎのようなことが記されていますが、そのなかに少し気になることが記されています。

「キリシタン屋敷にいる伴天連岡本三右衛門（キャラ）、南蛮ししりやのもの（イタリア・シチリア島生まれのもの）、囲屋敷《かこいやしき》において当丑年まで四十年生きていたが、当月（七月）はじめより不食を致し、わずらっていたので、牢医に診せて薬をあたえていたが、だんだん気色を悪くし、昨二十五日昼すぎ相果て申し候……」

「七月のはじめから不食を致し」というのは、みずから食をとらなくなったということです。

キャラの死も女牢に入れられたあのアロンソと同じようです。キャラも晩年はアロンソのように信仰へのたちかえりを心に秘めて、自害にならないよう食を断ち、静かに病死していったのではないでしょうか。

キリシタン屋敷の記録をくっていくと、さらに同宿ジュアン（寿庵）の死（一六九七年）、同じく中国人ドナ（二官）の死（一七〇〇年）がみられますが、そのほかの三人のもと同宿たちの死亡については、なにもしるされていません。

キャラの死の直後に、ジュアンとドナのふたりがキャラのほうむられた三田（港区）の無量院への参詣をもうし出て、許されています。しかし、この時にも三名のもと同宿の名は見えませんから、この人たちはすでに死亡しており、ドナがキャラ一行のうちの最後の死亡者ということになるようです。

ところで、ジュアンがたびたびわがままをいって牢におしこめられていたことは、まえの章にも紹介しましたが、貞享三年（一六八六年）十二月に、ジュアンはどうどうと、

「じぶんはキリシタンにたちかえりますので、しかるべく処分をしてください」

と、文書にしたためて、奉行にもうし出たことがありました。

このもうし出は、もとより受け入れられるわけはありません。役人たちにひねりつぶされてしまいましたが、その後もジュアンは役人にたびたびたちかえりを訴え、そのたびに、

「ジュアン、日ごろからわがままをつかまつり……」

ということになって、牢へおしこめられています。

晩年のジュアンは、はげしい心のかっとうのなかから、ふたたび神の愛にめざめ、信仰をとりもどそうとしたのです。

——いや、ジュアン自身は、文書にしたためることによって、はっ、き、り、とたちかえりを宣言したのです。しかし役人たちはいっさいそれを認めようとはせず、「文句ばかりをいう棄教者のわがままもの」としてあつかうばかりです。

人間性を踏みにじられた、これほど不当なあつかいはないでしょう。

ジュアンは、「どんな人間でも、神からあたえられたいのちをじぶんで断ってはならない」というキリスト教の教えを破らないように、食を減らしながら「病死」をもってたちかえりを示そうとしたアロンソや、あるいはフランシスコ、キャラたちの方法はとらず、はっきりと、

「どのような拷問を受けてもよいから、たちかえります」

と、もうし出ているのです。

幕府の態度にどのようなことをいってもはじまりませんが、ここまで決意した人間の——、みずから信仰へのたちかえりを宣言したジュアンの潔癖な心中を思うと、その勇気に感動させられると同時に、精神の自由までうばわれ、真の心の

ささえ、救いさえ得ることのできない人間の哀しみが、心の中に広がってきます。そして、それを禁じているものたちへのはげしいいきどおりが、胸につきあげてきます。一度棄教したものが悪い、そのむくいだといってかたづけてしまえば、身もふたもありません。このような立場に立たされた時、人間はどうすれば救われるのでしょう。

そのジュアンが亡くなり、ドナが亡くなった一七〇〇年になると、屋敷内にめんどうな幽閉者はいなくなりました。

井上筑後守はじめ、多くの収容者が出ることを予想して、四千坪という広大な敷地に「キリシタン屋敷」をつくったのでしょうが、キャラ一行のほか、長年閉じこめられていたものもほとんどいません。広大な敷地も必要がなくなり、屋敷は縮小されてその一部が武士の屋敷にひきわたされることになりました。

キリシタン屋敷の住人がなくなり、収容者がとだえたということは、幕府がおこなってきたきびしいキリシタン対策がいちおうの成果をあげたということになるでしょう。

事実、井上筑後守が初代のキリシタン奉行をやめた万治元年（一六五八年）までの調査で、キリシタンがひとりも出なかったところというのは、大隅《おおすみ》（鹿児島県）、日向《ひゅうが》（宮崎県）、志摩《しま》（和歌山県）、甲斐《かい》（山梨県）、伯耆《ほうき》（鳥取県）、丹後《たんご》（京都府）、安房《あわ》（千葉県）、隠岐《おき》（島根県）――の八か国だけだったというのですから、全国的なひろがりをみせていたキリスト教も、幕府の狂気じみた迫害によって、ほとんど信者をみなくなっていったのです。

棄教した人はともかく、神の愛によって心のささえを得ている人たちは、それこそ、

「キリシタンどもが表面的に仏教徒をよそおって、いろいろな寺に所属しているが、心の底ではあい変わらずキリスト教を信じているものたちがいる」

と、キリシタン奉行の青木遠江守がいったように、神への祈りを深く心の底にひめて、ひっそりとくらしはじめていたのです。

外国から潜入してくる宣教師もいません。日本人神父がいるといううわさも、まったく聞こえてきません。表面的には、日本にはキリスト教の信者がいないという時代になっていたのです。

しかし、キリシタン屋敷には、キャラたちの一行だけが幽閉されていたわけではありません。

時には、小伝馬町の牢舎からほかの罪に問われているものをつれてきて取り調べたり、火事で小伝馬町の牢が焼けた時などは、キリシタン屋敷がほかの罪人の牢舎になったりしていました。またキリシタンの疑いのあるものたちをつれてきて取り調べたり、拷問にかけたりしていました。

たとえば、つぎのようなこともありました。

キャラたちがまだ生きていた天和三年（一六八三年）の十二月のことです。

病人に祈祷などをしてキリスト教をすすめ、人妻たちに尊敬されている亟之《かんの》正《じょう》という不審な男がいるというので、役人たちが捕らえ、キリシタン屋敷へつれてきて取り調べました。

亟之正は、銅の丸板に太陽と月をほったきみょうな道具を持っていたので、役人たちはますますあやしみ、それをキャラ、ジュアン、ドナの三人に見せました。

役人たちは、キリシタンの道具にまちがいないと思っていたのでしょう。ひとりだけの鑑定では偽りをいうかもしれないと思ったのか、わざわざ三人に見せるという慎重さです。

しかし、道具をみた三人は口をそろえて、

「このようなものはみたこともありません。これはキリシタンの道具ではありません」

と、いいましたが、役人たちはなお圅之正をキリシタンではないかと疑って、踏絵をさせたところ、圅之正はふてぶてしい態度で聖像を踏みつけました。

役人たちはそれでもまだ疑い、さらに拷問をくわえてきびしく取り調べたところ、圅之正はキリシタンではありませんでした。祈祷師をよそおって、いろいろ出まかせをいっては人のよい人妻たちをだまし、悪事を働いているならずものだということがわかったのです。そして圅之正はキリシタン屋敷から小伝馬町の牢へ送られ、牢につながれてしまいました。

当時もいまも、キリスト教には病などを治す祈祷師というものはいませんが、南蛮風の道具のようなものを持って、なにやらわけのわからない呪文を唱えているものをみれば、外国語の入った祈りのことばなど知らない当時の人には、「あやしいキリシタン」に思えたでしょう。

神父が書き残した牢獄記

キリシタン屋敷は、キリスト教の信者たちを取り調べ、棄教を強いて収容しておく刑務所のようなところでした。

そのことは、たびたび書いてきましたが、もうひとつ、キリシタン屋敷ができるまで、江戸で捕らえられたキリシタンたちがほかの罪人とともに入れられていた日本橋小伝馬町の牢とは、どのようなところだったのでしょうか。江戸時代の初期にキリシタンたちの苦痛を知るうえで、小伝馬町の牢のことを、ここで紹介しておきたいと思います。

この小伝馬町の牢のことについては、場所柄のゆえでしょうか。内部のことまでくわしく書かれたものは、あまりありません。

ところが、この牢に一年半ほどおしこめられていた外国人神父が、すさまじい記録を残しているのです。

「江戸の牢獄の苛烈さと特徴およびその出来事」と題された、この貴重な記録を残した神父というのは、同時代の人たちによって〝生きていた殉教者〟と呼ばれていたスペイン生まれのディエゴ・デ・サン・フランシスコ神父です。

神父は幕府が全国的な〝禁教令〟を布告した一六一四年の春、海外追放を逃れて日本にとどまりました。日本語がじょうずで体つきも日本人と似ていた神父は、日本人に変装して長崎から東北の地に向かいましたが、そのとちゅう、江戸でルイスという日本人信者といっしょに捕らえられ、小伝馬町の牢へ送られてきたのでした。

「これは、おりと呼ぶのがふさわしいような牢獄です。角材のおりがあり、角材はおりのなかに光が入らないようにつぎ合わされており、ただそこのすきまを通して光がもれる程度でした」

――こういう書き出しによって、昼間でもほとんど明かりの入らない牢獄内のことが、記されていきます。

「おりのなかは、われわれに食物を供給するために残された小さなすきま以外には、あなのあいているところはなく、またそのすきまも、ただ非常に小さなわんを通せるだけの大きさでした。そのため昼間でさえ暗く、おたがいにほとんど見分けがつきません。このおりは長さ十二バラ（一バラは約八十五センチ）、幅五バラで、また天井が非常に低く、外からはだれも四人に近づいて話しかけることができないように、おりはさらに大きなおりでとり囲まれていました。牢獄長のほかに、ふつう二十四人の番人がいて、夜も昼も番をし、じぶんたちが眠っていないことを知らせるために、大声でどなりちらしていました。

このおりに入れるまえに、衣服をぬがせ、取りあげる物があるかないか、調べます。わたしはロザリオを取られないように、手のなかににぎりました。（このような場合を考えて、わたしは小さなロザリオを持っていたのです。）番人はそれを見て、両手でわたしのこぶしをつかんで取ろうとしましたが、できませんでした。わたしはかれに向かって、いいました。

『あなたがわたしの手を切っても、けっしてロザリオはわたしません』

すると、牢番の全員がわたしに向かって飛びかかり、わたしをしばってロザリオを取ろうとしました。その時、長官である奉行が入ってきて、『ロザリオは取らないでおけ。キリシタンでないものにでも、数珠《じゅず》は残しているのだから』

といってくれたので、ロザリオは残してくれました」

牢に入れられる時は、「命の蔓《つる》」と呼ぶ金銭をひそかに隠して、入牢するならわしがありました。これがなければ、ほかのものたちから牢内でいろいろな仕打ちにあいます。神父は「命の蔓」の代わりとして下着をとられましたが、牢には百五十三人もの囚人がいるので、非常にせまく、座ることも困難でした。囚人たちは神父を見ると、みなおどろいて、

「どういうわけで、神父がこんなところへ入ってきたのだ」

と、尋ねました。

フランシスコ神父がそのわけを話したあと、説教をはじめると、囚人たちは耳をかたむけだし、一年半のあいだに六十人のものに洗礼を授けたといいます。そして神父は牢のなかで、囚人たちからいちばん広い座る場所をあたえられましたが、それは「長さ五十三センチ、幅三十三センチ」ばかりの広さです。

「……牢は非常にきゅうくつで、休んだり眠りたい時は、隣人の上に身をもたせかけなければならず、このため病人や体の弱ったものが窒息死することもありました。囚人たちは仲が悪く、よりかかりすぎると、すぐなぐりあいや、けりあいがはじまります。座っていなければならないので、足がしびれます。わたしの唯一のなぐさめは、足を高く上にあげて、その筋をのばすことでした」

夏になると、牢内は火炉のように暑くなります。かまのなかにいるように暑いので、みんなはだかになっていました。そのかわり、冬は暖かいので寒さを感じることはないようでしたが、のみやしらみなどがふえ、その大群になやまされるのです。「殺すにも牢内は暗くて、虫をみつけるのがむずかしかった」と神父は書いていますが、それよりつらいのは、臭気です。

「……臭気は、たえがたいものでした。病人が多く、しかも動けないので、じぶんの場所にあらゆる用便をするうえに、だれもそうじをするものはいません。隣人はその臭気に苦しむだけでなく、汚物が体につきます。絶望のあまり、病人の頭を梁に四度六度と打ちつけて殺します。病人を打ち殺す勇気自殺をしようとします」

「……わたしたちは、牢内ではげしい渇きに苦しみました。水は毎日茶わん二はいで、朝一ぱい、夕一ぱいしかくれません。新鮮な空気が入ってこない牢内は非常に暑く、飲んだ水はすぐあせになってしまいます。そのためにだれもかれもやせて、骨と皮ばかりです」

「……食べ物は、ほんのわずかで、さし入れてくれるものがなければ、餓死しなければなりません。わたしの食べていたのは、きたない水でくさった米の飯と、小さいわんにもったしるで、このしるのなかに、いわしの頭がはいっていた時には、それを大きな幸せと考えました。これは、信者から金をにぎらされた牢番からの贈り物でした」

「……牢内では、いつも三十人か四十人くらいのものが病気でした。病人は食べ物の配給を受けるのに起きあがることもできないので、隣人がそれを取って食べてしまいます。

『おまえは、病気だ。用便のために起きあがれないのだから、何も食うな。

そうすれば隣のものに汚物をつけないだろう』

わたしは、こうした残忍な仕打ちをみかね、信者たちにすすめて、病人のために食べ物を受けとらせて治療させました。思いのままにならなければ、すぐにけんかがはじまります。それをしずめるために、牢番はおりの上へあがって囚人の頭の上にほかの汚物とともに小便をたらします。囚人たちが牢番に文句をいうと、牢番はおこって二、三日わたしたち一同に、水をくれません。

牢内で起こるもっともおそろしくて、苦しいことは、奉行の許可書がないと、死体を持ち出せないことでした。しかもその許可を受けるのは容易ではなく、死体は七日でも八日でも、腐敗したままとめておかれました。暑気とおおぜいの生きている人びとの体温のため、七時間もたつと死体はくさりだして、しのびがたいにおいでどうすることもできません……」

――このあとの神父の描写は、あまりにもすさまじいので、これ以上の引用はやめますが、しかし神父は病気にかかってやがて腐敗していく人たちをみつめて、つぎのように語っています。

「……わたしは、このような苦しみを、すべての人にみせたいと思いました。それは、はなはだ残忍なこの苦しみにあわせようというのでは、ありません。地上におけるこうした苦しみをみれば、神にそむいて罪を犯した人のこうむるべき地獄の罰を、想像することができるだろうと思うからです」

フランシスコ神父は、牢内ではほかのものたちと同じように全身腫瘍《しゆよう》だらけになっていました。うみだらけなのはしかたがないとはいえ、患部がかゆいのにはそうとう苦しめられたらしく、一日中座ったまま、どこかをかいていなければならなかったといっています。ロザリオの祈りを一連唱えるあいだもがまんすることができず、かいているうちにてのひらのような大きなかさぶたがとれてしまいました。その痛みがはげしくて、うめかずにはいられないので、神父は、

「主よ、わたしは石や青銅でつくられたものではありません。あまり強くもなくて、これほどの苦しみにたえしのぶ徳をそなえていないことを知っておられるでしょう。わたしはか弱いものですから、これ以上はしのぶことができません。主よ、わたしが気を失わないよう、ヨブにたまわったように、お助けとお恵みをおあたえください……」

と、業病におかされながら苦痛と忍耐のうちに神に従った旧約聖書のヨブの徳をじぶんにもあたえてほしいと、神に祈っています。

神父はまた、死刑の宣告を受けて入ってきた六人の武士たちのかってほうだいなふるまいについても、記しています。

「かれらは他人の食べ物を取りあげて、じぶんだけ、あるいはじぶんたちの仲間だけのお腹をこやしていました。じぶんたちでかってな規則を定め、それに従わないものがあると、なぐります。なぐられたものは、必ず死んでしまいます。じぶんたちのみが楽に休めるため、ほかの人たちをおしせばめて、これをかたく守らせます。そのうちのひとりは、新入りのものを虐待するよう命じ、仲間たちで梁に何回も頭をぶつけて、殺してしまいました」

――そして神父は、最後につぎのように記しています。

「それをみた時、わたしはほんとうの地獄だと思いました。そこにあるのは、なげきの声、混乱、憎悪《ぞうお》、狂怒《きょうど》、不信仰、無慈悲、永遠の苦しみ、失望、冒瀆《ぼうとく》のみであったからです。

これ以上の、死および残忍なことについては語るのをやめます。それは、信心を増すどころか、信心をうばうものになってしまいますから」

「牢獄に入れられた」と簡単に書いたり、いったりすることはできますが、人間を人間としてあつかわない牢内、そこに閉じこめられているものたちの身がって、残忍、憎悪のすさまじさには、目をおおいたくなります。

フランシスコ神父は、一年半の牢生活ののち、ゆるされて牢を出ますが、よほど強い精神力と信仰を持っていなければ、とてもこのようななかで生きつづけることはできないでしょう。

〝お犬様〟と将軍綱吉

キャラ、ジュアン、ドナたちは、三十年以上もキリシタン屋敷に閉じこめられて、悲痛な生涯を閉じていきました。

その間に将軍の治世も家光（秀忠の次男、一六二三〜一六五一年）、家綱（家光の長子、一六五一〜一六八〇年）、綱吉（家光の四男、一六八〇〜一七〇九年）と、三代も代わっていました。

時代は十八世紀、一七〇〇年代の新しい世紀に入っていましたが、そのころのわが国ではまだ西暦を採用していませんから、さいごの住人のドナが七十六歳で亡くなり、キャラ神父たちの眠る小石川無量院に葬られた一七〇〇年は、「元禄十三年」ということになります。

五代将軍綱吉の治世であるこの元禄という時代は、江戸幕府の体制も安定し、侍たちに代わって、町人たちが台頭してきた時代です。そして、文化や学問、娯楽などもさかんになりはじめ、〝元禄風《ふう》〟といったはなやかな風俗まで生まれて、社会的には安定した時代でした。大名たちが争うといった大きな争いごともなく、一般の人たちも、それこそ平和を謳歌《おうか》していた時代です。

そんな時、とつじょとして江戸の町をさわがせたのが、元禄十五年（一七〇二年）十二月の赤穂浪士の討ち入り事件でした。

江戸城内で刃傷事件を起こして切腹、お家断絶をもうしわたされた主君のうらみを晴らそうと、播州《ばんしゅう》（兵庫県）赤穂の浪士たちが本所《ほんじょ》松阪町にある吉良《きら》邸に討ち入って、主君のかたき上野介《こうずけのすけ》の首をあげた事件は、テレビなどでもよく知られているでしょう。

この討ち入り事件が起こったのは、ドナが亡くなってから二年めのことですが、それから六年間、キリシタン屋敷には警護の役人やかつての住人たちの家族、用人たちのほか、新しく収容されてくるものもなく、ひっそりとしていました。

ところが、一七〇八年（宝永五年）八月のことです。ローマ教皇の命を受け、布教の目的を持ってわが国にやってきたイタリア生まれの伴天連がいました。

たったひとりで、きびしい禁制下のわが国にやってきたジョバンニ（ジョアン）・バッティスタ・シドッチという四十一歳のこの神父は、〝最後の伴天連〟といわれ、人格、学問ともにすぐれた人物で、のちにキリシタン屋敷で取り調べた当時の日本を代表する学者新井白石が、

「聖人というのは、あのような人のことをいうのだろう」

といい、

「あのようなローマ人に出会ったことは、わたしの生涯で特別なことであった」

と、ほめたたえた神父です。

白石のいう「聖人」とは、キリスト教でいう信仰と徳にすぐれた信者の鑑《かがみ》とされる「聖人」のことではありません。「知恵と徳がすぐれ、だれもが師とあおぎたい人物」という意味です。

シドッチ神父の日本潜入とキリシタン屋敷でのことについては、つぎの章でくわしくのべることにして、ここでは元禄時代の治世者で、生き物への常識はずれな愛をみせ、〝犬公方〟といわれた奇人・五代将軍綱吉の信じられない政治ぶりにスポットをあてながら、〝花の時代〟といわれた元禄時代の異常な社会相を見てみましょう。


綱吉は、生まれながらに身体の弱かった四代将軍家綱の少々ぐずな政治ぶりとはまったく対照的で、すべてに思い切った政治をおこないました。極端で潔癖症というか、常識外のことを平気でおこなう性格の持ち主でした。そして人びとには礼儀を重んじさせ、そのための賞罰をいっそう厳重にするよう命じていました。

このため、市中に落とし物があっても、拾うものはいませんでした。たいしたものでなければべつに届けることもせず、ひょいとそれをポケットに入れてしまうことがありますが、もし拾いあげてふところに入れたら、それこそたいへんです。どこに光っているかわからない隠れ目付の目にでもとまったら、すぐに番所に引かれていって、どんなとがめを受けるかわからなかったからです。

また、大名たちの屋敷にたえず目明かしをたちまわらせ、お客があればだれが来ていて、どんな話をしていたかを、いちいち尋ねさせていたといいます。

目明かしをやたらと江戸市中に走りまわらせて、不審なものがあればすぐに番所へ引っぱっていくというのですから、江戸の町から盗賊の数がめっきり減ったといわれます。

治安のよいことはけっこうなことでしょうが、あまりきびしくなると、住人たちもきゅうくつになってきます。なんといっても当時の人びとをおどろかし、恐怖のふちに追いこんだのは、〝生類憐《しょうるいあわ》れみの令〟の布告でした。

この法令は、犬などの生き物をあわれみ、たいせつにあつかえというものです。

綱吉は跡継ぎにめぐまれませんでした。

そこである僧侶に相談したところ、

「子どもを求めるには生き物を愛して、殺生をしないことであります。上様は戌《いぬ》年《どし》のお生まれでありますから、とくに犬をたいせつになさい」

といわれ、じぶんばかりか一般の人たちにもそれを命じて、実行させたのでした。

「生き物を愛してたいせつにあつかえ」ということは、すばらしいことです。ところがそれを命じる綱吉の場合は、少しばかり極端というか、ばかげたというか、常識をこえて、狂気じみていました。

はじめは、

「犬やねこを、なわやひもでつないではならない」

「馬を酷使してはならない」

「城中の台所も、鳥魚の肉をなるべくひかえるように」

といったものでしたが、それがエスカレートしていきました。

江戸城中のある門番が、門の上に群がってないているすずめがうるさいので、石を投げて追っぱらったところを、ほかの男にみられて訴えられてしまいました。門番はその日のうちに免職、訴えたものは、ほうびをもらいました。

また、十二歳になる男の子が、いたずらでふき矢をふいて遊んでいました。その矢がたまたま飛んでいるつばめにあたり、つばめを殺してしまったのです。役人に訴えられた男の子は首をはねられ、その子の父親は三宅島へ島流しにあってしまいました。

すずめを追いはらったり、いたずらでつばめを殺してもこのありさまですから、将軍の干支《えと》の「お犬様」に対しては、もっとたいへんです。

「犬目付」という役人が市中を歩きまわり、犬をたたいたり、そまつな扱いをしているのをみつけたりしたら、たちまちにひっ捕らえて、牢に入れてしまうのです。殺しでもしたら、ただちに首がとんでしまいます。

犬が道でけんかをしていれば、水をかけて分けさせるため、町のあちこちに「犬分け水」の入ったおけとひしゃくが置いてありました。

人びとは犬とかかわりあいを持ちたくないので、どこの町でも野犬がふえて、わがもの顔です。

するとこんどは、十六万坪という中野の広大な野犬収容所をはじめ、いくつもの収容所をつくり、十万頭をこえる江戸の町々の野犬を収容しました。

犬たちは一日米三合、みそ、干しいわしなどの食事があたえられましたが、この費用はばく大なものでした。そのため幕府は年貢をふやしたり、一般の人たちから税金を徴収したりして、まかなっていました。

この収容所へ野犬をつれていく時も、たいへんな扱いです。

ひのきづくりで、金ぴかの金具を打ちつけた箱に厚い綿のふとんをしき、そこに犬を座らせ、

「お犬様のお通りィ。下にィ、下にィ……」

と、役人たちがまじめな顔で大名行列のように呼ばわりながら、しずしずと歩いてつれていったといいます。

ここまできては、もうまんがの世界でしょうが、当時の人たちにとっては、恐怖です。

しかし、この悪法はさらにエスカレートして、ほほに血をつけていた役人――この役人はほほにとまった蚊をひら手でたたいたのでしたが、それだけで罰を受け、自宅で謹慎を命じられています。

江戸で将軍のそばにつとめるものの家では、

「けものはもとより、鳥類、貝類、こい、ふな、えび、なまこ、たこ、うなぎ、ふぐ、どじょう、はぜ、かに、たまごなどは家の門内に入れてはならぬし、ほかでも食べてはならぬ」

と、誓約させられたり、往来のたまり水をまたぐことも禁じられました。

雨水などのたまり水のなかには、ぼうふらがいます。その水を除いてしまえば、ぼうふらは日干しにあって死んでしまうし、往来を歩く人に踏みつぶされてしまうからだというのです。

生きるものは、のみ、しらみ、食物にたかるはえでさえ、殺すことはできません。

こうして、父母、兄弟、妻子が死刑になったり、離島に流罪になったり、追放されたりして家族が別れ別れになった人たちは、どのくらいいたかしれません。

のちに六代将軍家宣に召しかかえられた新井白石は、少しばかり大げさですが、

「その数は、幾千万人におよぶかもしれない」

と、いっています。

将軍綱吉のあまりにもばかげた、度を過ぎたふるまいに腹をたてたのは、水戸

黄門の名で知られる徳川光圀《みつくに》（家康の孫。綱吉の父である家光とはいとこ）です。

光圀は、じぶんの領内（水戸）の人たちが、いのししやきつね、たぬきなどに田畑を荒らされて困っているのをみかねて、それを退治させるとともに、毛なみのいい野犬の皮を二十枚ほどはいで、りっぱな桐の箱に収め、綱吉へ贈ったのでした。寒い時の防寒用に使ってもらいたいというわけです。

これには綱吉もおどろいて、

「水戸のご隠居が乱心した！」

と、反対にさわいだということです。

〝生類憐れみの令〟は、布告されてから二十四年間つづき、綱吉の死をもって撤廃されましたが、僧侶の託言を信じて狂信的といえるまで極端に実行した綱吉は、ついに跡継ぎにはめぐまれませんでした。

綱吉の晩年の政治は、幕府の放漫な出費によって生じた財政の悪化を建てなおすため、年貢の増徴などがおこなわれました。そのため一般の人たちの暮らしも苦しくなり、文化・娯楽などの栄えたはなやかな時代の裏に隠れてさまざまな弊害が、顔を出してくる時代だったのです。

いつの時代にも、世の中には変人、奇人といわれる人はいるでしょう。しかし、政治をおこなう地位にあるものが、綱吉のような身がってなへんくつもので、その悪政を正すものがいないというのでは、一般の人たちはたまったものではありません。綱吉は「学問のためには古今になき将軍」ともいわれ、大名たちにも学問を奨励しました。本人もかなり学問が好きでしたが、その学問がこのような政治に表れるところをみると、やはり精神のバランスがどこかで大きくずれていたといえるでしょう。

ついでに記しておきますと、綱吉のまえの代までは「キリシタン」のことを漢字では「吉利支丹」などと書いていましたが、「吉」の字が将軍綱吉の「吉」と同じではおそれおおいというので、以後「切支丹」と書くようになりました。

第四章　最後の伴天連

シドッチ神父の日本上陸

宝永《ほうえい》五年（一七〇八年）八月二十九日朝のことです。薩摩国《さつまのくに》（鹿児島県）屋久島の恋泊《こいどまり》村に住む藤兵衛《とうべえ》という農民が、島の南端にある松下というところへ出かけて、炭焼きに使う雑木を伐採していると、背後からとつぜん人の声が聞こえました。

藤兵衛がびっくりしてふりかえると、木立ちのなかに刀をさした、みなれない長身の男が立っていて、藤兵衛に手招きをしました。

男は頭のさかやきをそってまげを結い、浅黄色の木綿の着物を着て、大きな布袋を持っています。身なりは日本人のようです。藤兵衛にむかってしきりとなにかいうのですが、なにをいっているのか、さっぱりことばがわかりません。

藤兵衛がいぶかしがっていると、こんどはさかんに手まねをして、水がほしいという、しぐさをします。

藤兵衛がおそるおそる持っていた水筒をさし出すと、男は喜んだ表情をし、警戒心をとくため、ぎこちない手つきでこしから刀をさやごとぬき取って、藤兵衛の前に置きました。そして、足もとに置いてある大きな布袋のなかから、金のつぶをひとつ取り出したのです。

金のつぶは、飲み水のお礼のつもりのようでしたが、藤兵衛は受け取らず、おいしそうに水筒の水を飲む見なれない男を、じっとみつめていました。

「――そういえばきのう、島のものたちが沖合に唐船《からふね》（中国の船）がきているとさわいでいたが、その船が遭難したのかもしれない……」

もしそうだとすれば、もっとほかに仲間がいるかもしれません。

藤兵衛はそう思い、あたりに気を配りながら磯辺の近くまで見にいきましたが、仲間の姿は見えませんでした。そこで一度村へもどり、隣家のものに話をして、ふたりでもとのところへひき返そうとすると、とちゅうでほかの村のふたりと出会いました。そのものたちもひき入れて、四人で木立のなかへ入ると、男はあい変わらずつかれきった姿でもとのところに座りこんでいました。

藤兵衛は手まねをまじえながら、じぶんたちについてくるようにいいました。すると男は微笑を浮かべながら立ちあがったので、四人で手を貸しながら男を藤兵衛の家までつれていきました。そして食事をあたえる一方、このことを島の役人に知らせたのです。

やがて藤兵衛の家へやってきた役人たちは、日本語がまるで通じないことや、人相・風体などから、この男は日本への入国が禁じられている「異人」にちがいないと判断しました。

しかし恋泊村には家が四軒しかなく、異人をとめおくこともできないので、男を宮之浦村までつれていき、人家の小屋のひとつに囲いをつくってそこへおしこめました。そして早舟で鹿児島の奉行所へ知らせたのです。

鹿児島から、さらに、密入国者やキリシタンを取り調べる幕府の出先機関のある長崎奉行所へと早馬がとんで、屋久島の異人もやがて鹿児島、長崎へと送られたのですが、長崎到着は十一月八日、屋久島で藤兵衛と出会ってから、二か月以上もかかっていました。しかし、鹿児島から長崎へ、たったひとりの異人を送り届けるのに一千名を越える警護がついたといいますから、たいへんなさわぎが持ちあがったのでした。

こうして長崎へつれてこられた異人は、奉行所で取り調べを受けることになったのですが、奉行所の通訳が何人ついても、日本語らしいことばがときどき出てくるものの、話が通じません。

そこで当時わが国との貿易がわずかに許されていた長崎・出島にあるオランダ商館から館員が呼ばれましたが、異人の話すことばはオランダ人にもなかなか理解できません。それでもラテン語などをまじえて取り調べをすすめていくうちに、なんとか話が通ずるようになっていきました。

長崎奉行所で本人が語った申し述べ書によると、異人の素性は、およそつぎのようです。

「……わたしは、イタリア国のうち、ローマのものでございます。名はジョバンニ（ジョアン）・バッティスタ・シドッチともうします。

年は四十一でございます。わたしは、ローマのキリスト教の神父です。国もとには、老母、兄弟、姉妹がおり、兄は同じく神父です。父はもう亡くなりました。わたしには、妻子はありません。

わたしは、ローマのキリシタン宗門の惣司《そうし》（教皇のこと）から、六年まえに『日本へキリシタンの教えをひろめるために渡海せよ』と命じられ、日本語を習い、三年まえローマを出立、ルソン（フィリピンのマニラ）にまいり、そこから中国の北京へむかう仲間といっしょに船に乗り、屋久島に上陸しました。島に上陸したのは、わたしひとりでございます……」

話がなかなか通じなかったということについては、それぞれが相手国の言葉を知らないという大きな要因がありますが、もうひとつ、政治的・宗教的な問題があったのです。

当時は同じキリスト教でも、カトリックとプロテスタントとは対立関係にありましたから、プロテスタントの国であるオランダ人の通訳が立ち合うと聞かされて、カトリックの国のシドッチ神父は少し緊張したようでした。神父はイタリア語の正しい発音でおし通そうとしたので、イタリア語を知らないオランダ人にはまるで通じません。「ローマ」という地名ひとつとっても、神父は二十五回もそれを口にしたと記録にありますから、これだけのことを聞き出すのも長い時間がかかったのでしょう。

この時の取り調べ書などをたどりながら、鎖国・禁教下の日本に潜入した〝最後の伴天連〟といわれているシドッチ神父の人となりと、熱烈な使命感に燃えた日本潜入までをふりかえってみましょう。

シドッチ神父は、一六六八年イタリアのパレルモ（シチリア島）の貴族の家に生まれ、ローマで神学の勉強をつづけて、イエズス会の神父になりました。

このころから神父の高い徳、すぐれた人格、豊かな教養は周囲の人たちのひとしく認めるところで、絶大な信望を得ていたといわれます。神父は一司祭としてイタリアに留まるよりは、禁教下の日本へいき、もう一度布教の道をひらくことをじぶんの使命と考えました。そして一七〇三年の春、イタリアをあとにしたのです。

ジェノバから地中海を経て大西洋に出た神父は、カナリア諸島でフランスの船に乗りかえると一路大西洋を南下、喜望峰をまわってインドのマドラスに達し、そこからさらに当時フランシスコ会の東洋の拠点であったマニラにわたったのでした。マニラに着いたのは、翌一七〇四年の秋のことでした。

当時のマニラには、一六一四年のキリシタン禁令で日本から追放された信者の子孫たちや、船の遭難、貿易などで海外に出たものの、鎖国令の発布で祖国へ帰れなくなった人たちの子孫が日本町をつくってくらしていました。元和六年（一六二〇年）には、マニラの日本町には三千人の日本人がおり、そのうちの約半数がキリシタンだったといわれます。

こうした人たちに日本語を習いながら、わが国の鎖国ぶりが普通でないこと、捕らわれれば拷問にかけられて死刑になることなどを、たくさん聞かされたでしょうが、もとより殉教はかくごのうえです。決意は変わることはありませんでした。そして、マニラの王立病院の拡張、神学校の建設などにつくしていました。神父はマニラの人たちから「聖人」とたたえられるほど尊敬されていました。病人の看護にはことのほか心をくだき、食事は病人の食べ残したものしか口にしなかったといわれます。

四年間のマニラ滞在ののち、神父はいよいよ日本への渡航準備をはじめます。そして一七〇八年（宝永五年）七月中旬、百五十トンのサン・トゥリニダード号に乗りこみました。さかやきをそり、まげを結って日本人に変装した神父をはじめ、船長も乗組員も日本で捕らわれたらどのようなことになるか、それは覚悟のうえの出帆でした。

船内の神父のベッドは、木製の小さなものでしたが、のちの乗組員たちの証言によると、神父がそこで横になっている姿を見たことがなかったといいます。一日二十四時間のほとんどを祈り、黙想、その反省、聖書の勉強、日本語の学習にあてていたといいますから、どこでも「景仰《けいこう》（その徳をしたって仰ぐこと）の的であった」というシドッチ神父の人柄がしのばれます。

五十日近い難航ののち、サン・トゥリニダード号はいよいよ日本の領海に入り、いくつかの島々を見ながら、屋久島の南端の沖あいまで船をすすめてきました。そこで、阿波国《あわのくに》（徳島県）出身の漁民六名が漁をしている小さな漁船と出合いました。屋久島の農民藤兵衛がシドッチ神父と出会う前日、宝永五年（一七〇八年）八月二十八日のことです。

漁民たちは見なれない大船が近づいてくることを知り、大いそぎで屋久島の栗生《くりふ》村にある港へ逃げようとしました。自国以外の船に近寄ることは禁じられているからでしたが、降ろしていた帆をあげるのに手間どっているあいだに大船のほ

うから降ろされたボートがすすんできて、二十メートルほどの距離まで近づき、

「水がほしい」

と、スペイン風の衣服をまとった乗組員が、日本語で声をかけてきました。

漁民たちは、

「水はご法度《はっと》である」

と、手ぶりで断り、そのまま栗生村へ逃げ帰ったので、ボートは本船へもどっていったというのです。

この漁民たちとの出会いは、日本側の資料にもとづいて紹介しましたが、トゥリニダード号の記録によると、ここでしばらく話し合いがおこなわれたようです。漁民たちは、のちの取り調べの面倒を考え、かかわりをおそれて話し合いのことをふせたのかもしれません。

トゥリニダード号の記録では、乗組員のなかにマニラにいた日本人がスペインふうの衣服をまとって乗っており、その男が漁民たちと話しあったのでした。

その話し合いを会話体にしてみると、つぎのようです。

「わたしたちは、飲み水がなくて困っている。将軍は、はなはだ残虐な人だから、

船を島に着岸させることも、わたしたちが上陸することもできない。飲み水をもらえないだろうか」

「あなたたちの船は、もうきのうのうちから見つかっている。今夜は多数の警備のものがたくかがり火が島に見られるだろう。早くどこかへたち去ったほうがいい」

「わたしは、日本人である。ほかのものたちと漂流してマニラにいったのだが、仲間たちが死んだため、いまあの船にいるほかの日本人たちと、たとえ殺されてもよいからと思って、祖国の日本へ帰ってきたのだ。本船は飲料水を積む必要があるので、どこで積みこむことができるか教えてほしい」

「それは、できない。なんぴとであろうと、一度日本から出たものは、帰ることが禁じられている。わたしたちには、なんの関係もない。かかわりを持ちたくない。どうしてもというなら、長崎にいくがよい。そこで役人に話をすれば、必要なものが得られるだろう——」

　本船へもどってきた日本人の乗組員から、こうした話を聞くと、シドッチ神父は決意を固め、

「上陸の用意をする時がきました。どうか今夜、あの島へ上陸させてください」

と、船長にむかっていいました。

するとと船長は、

「御身《おんみ》をかくまってくれる人がいないではむりでしょう。あすまで待って、あの漁民たちのだれかを買収し、その指示に従って、より安全な場所に船をつけたほうがよいと思います」

船長の意見に、シドッチ神父は頭を横にふりました。

「あす、なにが起こるか予想できません。この地は集落でなく、多くの小さな民家があちこちに点在しているだけですから、よいところだと思われます。日本人にもう発見されているのですから、このあたりでぐずぐずしていると、うわさがひろまって、潜入が困難になりますから、どうかぜひ、今夜上陸させてください」

こうして上陸決行の話がきまったのです。

神父は持ち物を大袋につめ、身じたくを整えると、ローマ教皇をはじめマニラの人たちへ数通の手紙を書きました。そしていよいよ上陸の時がくると、世話になった乗組員たちに、「全員がかたく辞退したにもかかわらず」、奴隷として使わ

れている人たちの足まで口づけをし、長い祈りを終えました。そして、

「平安のうちに、さあ、いこう。神なる主、祝せられたまえ」

と、大声で唱えて、ボートに乗りこみました。

シドッチ神父がボートに乗り移ったのは、夜の十一時ころです。

ボートは本船をみるみる離れて、島の小さな入り江に着きました。磯に足をおろすと、神父は感動のあまりひざまずき、砂の上に口づけをしました。それから送ってきてくれた船長以下の乗組員たちと岩だらけの周囲を調べ、やがて村へ通ずる道らしいものを発見したのです。

「安全な場所に出ましたから、これからはわたしひとりでやっていけます。みなさん、ひざまずいて、このようなデウス（神）の偉大なおめぐみをほめたたえてください」

神父のことばに全員がひざまずき、神への賛美と感謝の祈りを終えると、神父は静かに立ちあがり、慈愛に満ちたことばで船長たちに別れを告げました。

船長たちは、こみあげてくる感情に胸をしめつけられて返すことばもありません。しばらく遠ざかる神父の後ろ姿を見送ってから、ボートで本船にもどり、そ

の夜のうちに沖から姿を消しました。

林のなかで一夜を過ごしたシドッチ神父は、つぎの日の早朝、雑木を伐採しにきた恋泊村の農民藤兵衛の姿を見つけて、背後から声をかけたのでした。

長崎から江戸へ

長崎奉行所での取り調べのなかで、シドッチ神父はわが国の禁教について、つぎのようにのべています。

「日本でキリスト教が禁制であることは、わが国もと（イタリア）でもよく知られていることです。人びとも、わたしもそのことはぞんじておりますが、惣司《そうし》（教皇）からのもうしつけでございますから、海をわたってきました」

そして、

「わたしを日本にお留めなされようと、本国にお帰しなされようと、また日本でいかような処罰をなされようとも、文句はございません。ローマの惣司のもうしつけでも、日本にお留めなされようと、お帰しなされようとも、ご命令しだいにせよともうしわたされております」

といい、さらに希望をのべて、じぶんを江戸へ送ってほしいと、つぎのようにもいっています。

「江戸へまいりたいともうしますのは、江戸において布教したい志からで、お願いいたします。ローマの惣司のもうしつけでは、日本の内いずれの国（地方）であっても、十分キリスト教をひろめるようにと、もうしつかりました」

神父は、じぶんもじぶんを派遣した教皇も、日本がキリスト教に対してとっているきびしい政策はすべて承知のうえであるから、どのような処置にもだまって従うというのです。

「こちらでは絶対に受け入れない。入ってきたら処罰する」といっているところへ、「それを覚悟で布教にきた」というのですから、神父の行動は、見かたによっては少々無謀と思えるかもしれません。

しかし、キリスト教には、

「行きなさい、すべての国の人たちに教え、父と子と聖霊の御名によって洗礼を授け、わたしが命じたことをすべて守るように教えなさい。わたしは世の終わりまで、いつもあなたたちとともにいる」（マタイによる福音書28・19〜20参照）

という、イエス・キリストの教えがあります。

ヨーロッパの宣教師たちはこの「使徒の使命」に燃えて、はるばる海をこえ、わが国へもキリスト教が伝えられたのです。シドッチ神父も先人たちのあとを受け、その「使徒の使命」に燃えて、単身日本へやってきたのです。

長崎では布教についての希望しかのべていませんが、のちに江戸のキリシタン屋敷で新井白石の取り調べを受けたときの神父のことばによれば、日本への潜入はたんなる布教のための潜入ではなかったようです。

ローマにあるキリスト教の本部ともいうべき教皇庁では、教皇をはじめ、教皇を補佐する枢機卿たちが何年にもわたって会議を重ね、「シナ（中国）でも、シャム（タイ）でも、キリスト教がきびしく禁じられていたが、その後けっして悪い教えではないことがわかり、禁教が解かれている。日本へも使者を送って御所様（天皇、将軍）に禁教を解き、国の友好をはかるようにもうし入れたらどうであろう」

という意見がまとまり、その使者にシドッチ神父が選ばれたというのです。

教皇からの親書でもたずさえていれば、あるいは神父の取り扱われ方も変わっていたかもしれません。それも持たず、たったひとりで、日本人に変装までして潜入してきたのですから、のちに江戸のキリシタン屋敷で神父を取り調べた新井白石もその処遇にとまどったのでした。

長崎奉行所での取り調べでは、神父の所持品に対する尋問もおこなわれました。布の大袋のなかに入っていたものは、ほとんどがキリスト教の祭儀をおこなう時に用いられる聖具と書物でした。聖具についてはいちいち神父に尋ねても、役人たちにはわけのわからないものばかりでした。

それもそのはずです。

キャラ一行が筑前大島で捕らわれてから、五十五年たっていました。その後はわが国に潜入してくる外国人宣教師もなく、取り調べにあたる奉行所の役人たちも、「伴天連」というのがどのような人物なのか知らない世代になっていたのです。

そういえば、シドッチ神父は屋久島で捕らえられてから長崎にいるあいだじゅう、「異人」といわれつづけていました。さかやきをそり、刀までこしにさしていたのですから、役人たちも「伴天連」であるとは思いもよらなかったのかもしれませんが、当時は国内のキリシタンも表面的にはほとんど姿を消し、発見されたキリシタンを取り調べる役人たちも、きびしい禁制が実を結んでいくあいだに、キリスト教についての知識をまったくなくしてしまったのかもしれません。

話はちょっとそれますが、長崎奉行所の取り調べ室に入る神父を見かけたオランダ商館の館員は、

「……日本の着物を着て、首に大きな十字架をかけ、手にコンタツ（ロザリオ）を持ち……」

と、神父の姿を記しています。

手は後ろ手にしばられているものの、神父は禁制品であるキリシタンの聖具をどうどうとからだにつけているのです。キリシタン屋敷のなかで、小さな聖像を捨てたり、拾ったりしたくらいで死刑になった時代のことを思うと、それこそ時

の流れを感じます。

――シドッチ神父の大袋のなかから出てきたものをみて、役人たちはとまどうばかりでした。

そのうちのいくつかを紹介すると――、

今日〝親指のマリア〟の名で呼ばれている美しい聖母の絵があります。これはガラスをはった木製の額に収められていました（縦約三〇・三センチ、横二八・三センチ。重要文化財に指定され、国立博物館蔵、カバー袖の絵参照）。

この聖母の絵について役人の調書には、

「四角なびいどろ鏡（ガラスのこと）のようなもの、ひとつ。その下に絵があります。異国人（シドッチ神父のこと）に尋ねましたところ、サンタマリアともうす宗門の本尊であるといっております」

と、あります。

また、のちにキリシタン屋敷でこの聖母絵をみた新井白石の感想もありますから、ここにつけくわえておきましょう。

「この女の像は年のころ四十近くに見え、目はくぼんで、鼻筋高く、うるわしい面だちです。頭にかぶった衣の色は青い藍色、下に着たものは白かどうかさだかではありません」
と、あります。「うるわしい面だち」というのは同感ですが、「年のころ四十近く」というのはどうでしょうか。もう少し若く見えますが……。

それぞれみな、役人のスケッチがついていますが、つぎは袋にはいった十字架上のイエス像、これは十字架がふたつにこわれていました。

役人の説明――、
「唐《とう》がね（青銅のこと）でつくった人形、ひとつ。袋とも。頭はいばらの冠をつけられたところであるといいます。異国人

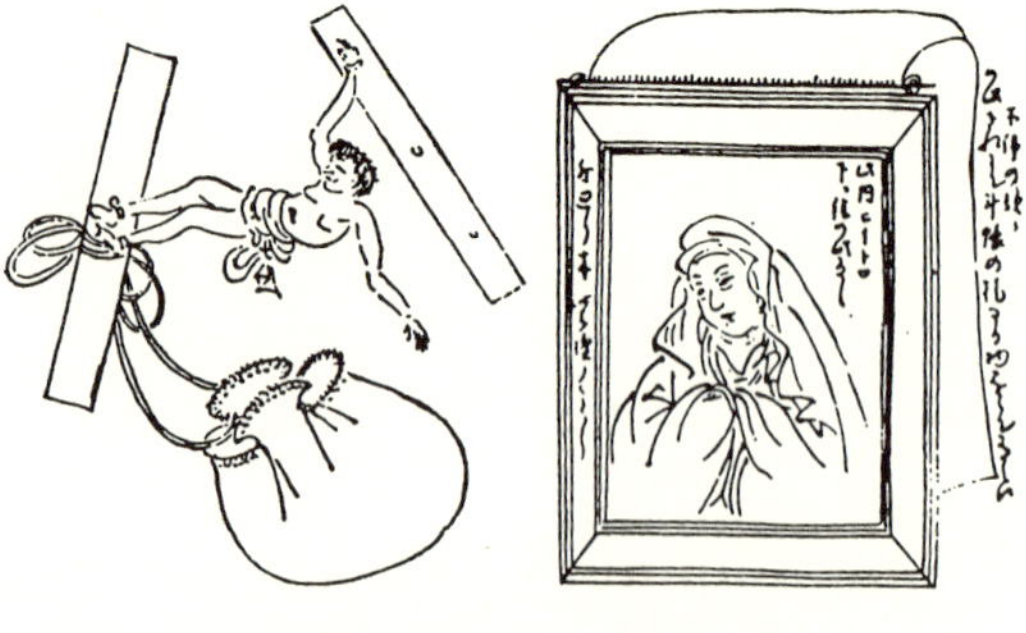

シドッチ神父の所持品についての役人のスケッチ
（『新訂・西洋紀聞』平凡社、所収）

（シドッチ神父のこと）に尋ねましたところ、人形はエソキリステ（イエス・キリスト）ともうす宗門の本尊《ほんぞん》で、しんちゅうでつくってある二本の金物はクロクス（十字架）というものだといっております」

白石の感想――、

「頭には粟がらのようなものをかぶっていたかと覚えています。ただしざんばら髪をしていましたが、いばらの冠をかぶらされたのだとシドッチはいいました。いかにも骨ばった人の形で、みぐるしいものです」

つぎは、ミサ用のカリス（聖杯《せいはい》）。

役人の説明――。

「銀でちょこのようにこしらえ、足をつけたもの、ひとつ。異国人に尋ねましたところ、レスサアカレという宗門の器であるともうしています。外側は銀で、内側は金を流したものとみえます」

――そのほか、大きな布袋のなかには聖人のメダル、コンタツ（ロザリオのこと）、祭服、聖油、香合、書物、めがね、金のつぶ、金の板などが入っていました。

昔なら、所持品のなかからこれだけのものが出てくれれば、役人たちはそれこそ顔色を変えるほどおどろき、たちまち拷問にかけられたことでしょう。十字架やイエス像をみても、いちいち神父に尋ねて説明をつけているところをみると——いやその説明文を読むと、知っていて書いているようには思えません。役人たちにはどのようなものか、まるでわからなかったのでしょう。

こうした所持品の取り調べが終わったあと、奉行はあらためて神父に、

「日本にはひとりの司祭も渡来してはならぬという、厳重な禁令があるのを承知してきたのか、いなか」

と、問いました。

すると神父は、

「それは、全世界にあまねく知られていることです。しかし、その禁令はわたしには適用されません」

と、平然と答えました。

「なぜであるか?」

勢いこんで聞きかえす奉行に向かって、神父はつぎのように理由をのべています。

「なぜなら、じぶんはスペイン人でも、ポルトガル人でもなく、そのほかの禁令によって入国を禁じられている国々の人間ではなく、イタリア人であるからです」

こういう答えがはねかえってきて、奉行をはじめ、取り調べの役人たちはたがいに顔を見合わせて、考えこんでしまったのです。

鎖国政策を敷いて、海外の事情にまったく暗くなっていた当時としては、外国からくる宣教師といえば、スペイン人かポルトガル人だと考えていたようでした。「南蛮国」といえば、昔わが国にきていて国交を断絶したこの二国だけだと思われていたのです。それにオランダ、エゲレス（イギリス）といった「紅毛人の国」がシナ（中国）や天竺（インド）のはるか向こうにあるくらいに考えていたのでしょう。そこへじぶんはイタリア人であると強調されて、役人たちはどうしてよいかわからなくなってしまったようです。

この問題は、けっきょく江戸の指示をあおいだほうがよいということになって、この日の取り調べは中止になりました。

役人たちは、とんだところで一本とられたわけですが、「伴天連であることにはちがいない」という理屈で、神父がいきたがっている江戸へ一日も早く送り出そうということになったのでした。

三か月ほどの長崎での取り調べも終わり、その取り調べ書を江戸へ届けて指示をあおぐことになりました。

ところが、これらの取り調べ書が江戸へ届くころから、江戸城内の動きがにわかにはげしくなりました。五代将軍綱吉の病が悪化し、年が改まった一月十日に死去、かねて養子として江戸城にはいっていた兄綱重（家光の二男）の子家宣に六代将軍をつがせました。

こうしたことがあって、シドッチ神父は一年近くも長崎の牢につながれることになってしまったのです。

宝永六年（一七〇九年）九月二十五日、神父はいよいよ長崎をあとに、江戸へ送られることになりました。

神父を護送していく役人、通訳、警護の数は三十名ほどでした。

道中、神父はせまい牢輿《ろうこし》のなかに座らされたままです。役人たちは「異人」に長崎から江戸までの地理や国内の状況を知られてはまずいとはかったのでしょうか、窓をふさいで外の景色を見る自由までうばってしまいました。このため座りなれない神父は、暗くてせまい輿のなかで江戸までの三十数日、足を曲げたままでした。まるで拷問を受けているような護送ぶりで、江戸へ着いてから二十日以上もひとりで立って歩けないほど足をいためていました。

こうして、十一月一日、江戸に到着したシドッチ神父は、ただちに小石川小日向の高台にあるキリシタン屋敷へ収容され、キャラ神父の用人をしていた長助とその妻はるが身のまわりの世話をすることになりました。

新井白石との出会い

江戸のキリシタン屋敷に収容されたシドッチ神父は、ひと月を越える長旅のつかれをいやしたのち、いよいよ新将軍の特命を受けた学者新井白石の取り調べを受けることになりました。

十一月二十二日、白石は小石川のキリシタン屋敷におもむき、神父の所持品を検分したあと、正午過ぎから取り調べを開始しました。

キリスト教の知識をあらかじめ得ておこうと考えた白石は、将軍から三冊の書物を特別に借り受けて読んでいました。この書物は前にも記したようにキャラの書いたもので、のちに白石は、

「(シドッチ神父の話を聞いて) キャラの書物は用語が同じでないところがあるが、書かれていることは、ちがうところがない」

と、語っています。

四度におよぶ神父の尋問から書かれた白石の『西洋紀聞』という書物には、取り調べのようすがくわしく記されています。それを追いながら、わが国キリシタン史のうえでもいまなお光を放っている、有名な白石とシドッチ神父とのかかわりを紹介していきましょう。

獄舎から取り調べ所の板縁の前まで輿で運ばれてきた神父は、まだ足がいえておらず、ほとんど立って歩くことができません。ふたりの役人にかかえられながらこしかけに座りました。

「……その背丈の高いこと、六尺(一尺は三〇・三センチメートル)をはる

かにこえていよう。ふつうの人はかれのかたにも届かない。頭髪は幼いわらべの髪型（おかっぱ）で、髪は黒く、目はくぼみ、鼻が高い。体に茶褐色の紬細の綿入れ、わが国のつむぎの衣服を着けている……」

この衣服は薩摩藩主からあたえられたものです。神父は白石の前に立つとまず右手でひたいに十字をきり、ふかぶかと頭をさげてあいさつをしました。そして白石や奉行の問いには必ず一礼をもって答え、ほかの役人たちが中座する時も、いちいち立ちあがって礼をしたといいます。その礼儀正しさに白石も感服したとのべています。

もう寒さが身にしみる季節です。取り調べにあたって役人の一人が重ね着をあたえようとすると、神父は手をふって、

「お国のお米を日々食べていて、お国の恩をたくさん受けているのに、これ以上衣服までいただくことはできません。寒さは防げますから、どうぞ心配くださいますな」

と、ことわっています。

第一回めの取り調べで、白石はキリスト教に関することは持ち出さず、通訳に

命じて神父の生国であるイタリアのことなどを質問し、その答えを聞いていましたが、そのうちにじぶんが持ってきた『万国坤世図《ばんこくこんせいず》』（世界地図）の写本を見せながら、地理について質問しようとしました。

ところが地図をながめていた神父は、

「この地図は、正確ではありません。奉行所には古い地図があると聞いていますから、次回にはその地図をお出しください」

と、いうのでした。

『万国坤世図』という地図は、中国で布教につくしたイエズス会のマテオ・リッチという神父が中国滞在中に作製した世界地図でしたが、中国人たちの気持ちを考えて、地図の中心に中国が大きくえがかれたものです。白石ものちになって、「マテオ・リッチの地図はあまり信用できない」と、書いています。

また白石は神父の話す日本語について、つぎのように記しています。

「予想していたほどにはわかりにくくはない。ただし、かれの日本語は、マニラに滞在中、日本町でさまざまな地方の出身者たち、わが国の畿内、山陰、九州、四国の方言がまじっていて、外国ふうの発音でいうので、それにちがいないと思われるものも、つい疑ってしまうことがある。かれもまた、じぶんのいう日本語がこちらに聞きとりにくいこともあろうかと思ったからか、必ずことばを反復していった」

マニラに滞在中、神父は日本町でさまざまな地方の出身者たちから、日本語を学んだのでしょう。

また、日本人の通訳というのは、当時はほとんどオランダ語しか会得していませんから、イタリア語は知りません。通訳が反復するオランダなまりのイタリア語やスペイン語などの発音を、神父が訂正する場面もたびたびあったということで、取り調べというかたくるしさのなかにも、なごやかなものが感じられます。

こうして、おたがいになんとかことばの弊害をのりこえながら問答をすすめているうちに、白石は神父が多くのことを知り、豊かな学識を身につけていることを知っていきます。そして思わぬ時が過ぎ、いつしか日が西にかたむきはじめたので、第一回めの取り調べを終えることにしたのでした。

この時、ひとつのエピソードが生まれました。

白石が奉行所の役人に、

「何時ごろであろうか？」

と尋ねたところ、役人は、

「あいにく、ここには時を知らせる鐘（時計）がございません」

と、答えました。

するとシドッチ神父が立ちあがって頭をめぐらし、太陽の位置をあおいでから、足もとに映っているじぶんの影の長さをみながら指で数え、

「わたしどもの国では……」

といいながら、時間ばかりか月日まではっきり答えたので、白石は感心したというのです。

この日の取り調べが終わったとき、シドッチ神父は通訳を通して役人たちにいいました。

「わたしがこの日本へきたことは、キリスト教を伝えて、なんとしても日本の人たちに利益をもたらし、世の中を救おうとするところにあります。しかし、渡航以来あなたがたをはじめ、多くの人たちにご心配をかけていることは、まことに残念です。気候も寒く、雪もまもなく降ろうとしています。わたしはじぶんから

願って、ここにやってきたのですから、どこへも逃亡などしません。昼間はどうでもよろしいですが、夜は手かせ足かせをお使いになって、獄中につないでおいてください。動けないようにしてくだされば、お役人たちも安心して眠ることができるでしょう」

神父のことばを聞いて、役人たちは心を打たれましたが、白石は、

「とんでもない偽りをもうすものだ」

と、いい返しました。

すると神父はうらみがましい表情をしながら、いいました。

「人間にとって、誠実でないほどはずかしいことはありません。偽りをもうすことは、わがキリスト教においては罪になることでございます。あなた様は、どうしてそのようなことをおっしゃるのですか？」

神父の問いに対して、白石はつぎのように答えています。

「奉行所のものたちが、衣服がうすくてはだ寒いであろうと心配し、何度も暖かい衣服をあたえようとしているのに、それをことわるとは、どういうことであろう。人間の誠意を踏みにじるものではないのか。じぶんの誠意は正しくて、役人

たちの誠意は受けないとは、おかしいではないか」

白石の意見は、わたしたち人間のおちいりがちなひとりよがりをきびしくついた、いかにも学者らしい意見ですが、神父も白石の真意を理解したのでしょう。

「たしかにそのとおりでございます。わたしの誤りです。では衣服をちょうだいして、奉行所の方々がご安心なさるようにしましょう」

と答え、以後その衣服を着つづけていました。


第二回めの取り調べは、三日後の二十五日におこなわれました。

この時も、白石は多くの通訳、奉行所の役人たちを立ち合わせ、わからないことはみんなで話し合っておしはかり、ことばの不自由からくる誤りをできるだけ少なくしようと配慮しています。

この日は、奉行所に保管してあった「万国図」が持ち出され、神父の生国イタリアの話からはじまりました。

シドッチ神父は、広げられた大きな地図（縦約二メートル、横三メートル。『ヨハン・ブラウの大地図』として知られる世界地図で、現在国立博物館に保管され

ている）を、一目みるなり目を輝かし、

「この地図は、七十余年以前につくられたものです。いまはヨーロッパでも、なかなか得られないものです。わたしも日本にくるまえに、三度しか目にしていないめずらしいものです。そこ、ここに、破れた個所が見えるのはおしいことですから、補修して次代に伝えられるべきでしょう」

と語りました。この地図は以前キャラとジュアンが補修したものでしょうか。

白石が地図のなかのヨーロッパ地方をみつめながら、

「ローマはどこにあるのか？」

と通訳にたずね、通訳たちが探しあぐねていると、

「チルチヌスはありますか？」

と、神父がいいました。

通訳が「ない」と答えると、すかさず白石が、

「なにをいったのか？」

と、聞きかえしました。

「オランダ語でパッスルともうすもので、イタリア語でコンパスというものです」

通訳のことばを聞くと、白石は、

「それならここにある」

と、用意してきた両脚器（コンパス）をふところから取り出して、神父に手わたしました。

コンパスはこわれていましたが、神父は、

「合わせめがゆるんでしまって、あまり役に立ちませんが、ないよりましでしょう……」

と答えながら、地図の一部に記されている縮尺の尺度にそれをあて、縮尺の分数をコンパスで計りとりました。それから、地図の上にクモの巣のようにえがかれた線のあとをたどりながら、じぶんの手の届きかねる上面を指さして、

「ここでありましょう。ごらんくだされ」

と、コンパスをさし立てました。

針のあなのようなところを見つめた通訳は、

「ここに、ローマという蛮字（外国語）が書いてあります」

と、大声でいいました。

ローマがわかると、白石はさらに、オランダをはじめとするいろいろな国、日本地図のなかの、いまじぶんたちがいる江戸などを問いました。神父はそのたびにコンパスを上下左右に動かして、

「ここでありましょう」

と、蛮字の表記とちっともちがわないところを指し示すので、白石はびっくりしてしまいました。そして、

「これらの方法は、必ず一定の法則があると思われるが、そのことに精通していないものには容易にはできないことであろう。すべて、これらのことは学びとることができるであろうか？」

と問うと、神父は、

「やさしいことでございます」

と、答えました。

「いや、じぶんはもともと数理にはうといから、だめであろう」

白石がうちとけたようすをみせると、神父は、

「いえ、いえ、これらのことは、数理に精通するほどのことでもございません。

わけなく学びとることができます」

と、答えています。

鎖国をして国の門戸を閉じてしまったわが国では、こうした地図の見方も、知る人はいなくなっていたのです。


二回めの取り調べも、なごやかなふんいきのうちに終わったようです。

この日の取り調べのあと、白石はキリシタン屋敷を出るまえに、奉行所の役人から、

「屋敷内のようすをごらんになっていってください」

といわれて、屋敷内の北のほうへ歩いていきました。

そこは昔、キャラたちが幽閉されていた獄舎の長屋があり、年老いた夫婦が白石たちをむかえて、あいさつをしました。

「このものたちは、罪人の子どもで、ここにおしとどめておいたもの（キャラの死後はジュアンに仕えていた）の召し使いをしていたものです」

奉行から話を聞いて白石はうなずきました。この年老いた夫婦は、長助とはる

です。当時は親が大きな罪を犯して処刑されたりすると、その子たちは一生奴隷として働かなければならなかったのです。長助とはるは子どもの時からキリシタン屋敷で働かされ夫婦となったものですが、キャラやジュアンが死んだあとも屋敷の外へは出してもらえず、ひっそりと暮らしていました。

白石は奉行たちに案内されて、シドッチ神父のいる長屋へやってきました。神父は三つに区切った長屋の一間のなかで、赤い紙を切ってつくった十字架を部屋の西側のかべにはり、その下で一心に祈っていました。

おそらく、日がしずみかけていたでしょう。なにもないせまい、うす暗い異国の獄舎のなかで、神父はなにを神に祈っていたのでしょう。

その光景は白石の心をうつものがあったのでしょう。白石は獄舎の前からへやのなかの神父のすがたをかいまみて、静かにその場からたち去っています。

捕らわれの日々

新井白石の第三回めの取り調べは、五日後の十一月三十日におこなわれました。この日は、二度の取り調べで聞きもらしていることなどを再質問するために、一日がついやされました。奉行所の役人たちは出席せず、白石と通訳たちだけでシドッチ神父と会っています。

神父のほうは、キリスト教についてのことがらや、じぶんが日本にきた理由をつとめて話したい印象でしたが、白石のほうはそれにはまったくふれません。すでに神父から聞き出しているヨーロッパ諸国のことや、地理上の不明な点についてのみ、質問しました。

当時のヨーロッパの知識を得ようとする白石には、どんな些細なことでも、さらに正確をきわめようとする学者の熱意がみなぎっていました。のちになってシドッチ神父の取り調べから生まれた『西洋紀聞』や『采覧異言』などの書物の記述を見るとそのことがうかがえますし、白石はシドッチ神父のこの取り調べから全世界、とくにヨーロッパの地理・歴史・風俗などについて開眼させられたのです。（慶應義塾大学の創立者として知られる明治の学者福沢諭吉は、白石のこのシドッチ神父の取り調べをわが国の洋学の起源にしています。）

四回めの取り調べは、十二月四日におこなわれました。

この日は、奉行所の役人たちも立ち合い、いよいよ神父に日本へやってきた理由、キリスト教の教えなどについての取り調べです。

神父にとっては、待ちにまった取り調べです。

尋問の内容を知らされると、神父は喜びの表情をみせて、つぎのように語り出しました。

「わたしは一七〇三年、いまを去ること六年まえ、日本国に教皇の使いとしてわたることをうけたまわり、万里の波浪をしのいでやってきまして、ついに国の都である江戸に着きました。じつに、きょうという日は、わたしたちの国では一七一〇年（西暦）のはじめの日として、人びとはみなおたがいに祝いあうのですが、このような日に、はじめてキリスト教のことをお聞きくださるとうけたまわり、こんな幸いなことはございません」

こうして神父は、全能の神がこの世のすべてのものをつくった『旧約聖書』の「天地創造」から「アダムとエバ」「ノアの洪水」、『新約聖書』のイエス・キリストの生涯とその教えについて物語っていきました。

キリスト教についての白石の知識は、キャラが記した三冊の書物ですが、神父の話を聞いての感想は、

「キリスト教の教義を説くのを聞くと、ひとことも道理にかなったところがない。いままでのかしこさ（天文や地理の尋問でみせた）はどこかへいき、まったく別の人のことばを聞くようである」

と、語っています。

もちろん白石とて、禁教である宗教を認めるわけにはいきません。しかし白石は、つぎのようにもいっています。

「わが国には、わが国の伝統があり、たとえそちらが訴えることにすぐれた真理があったとしても、いまはわが国の法を破ってその教えをおこなうことは、許さ

れない」

「キリシタン教法は正しくないといっても、わが国を謀《はか》る（教えを広めて国をうばおうとする）ということはない」

こういうことばのなかに、禁教にはなっているものの、その教えに対する理解が示されているように思えます。白石のキリスト教観には、秀吉をはじめ、かつての権力者たちが多くのキリシタンたちを死刑にするまでしておしすすめようとした憎悪むきだしの狂気じみた嫌悪感はなかったといえるでしょう。

しかし、シドッチ神父自身に対する人物観となると、まったく別な側面をみせます。

「およそシドッチは学識ひろく、記憶力強く、ヨーロッパにおいて多方面に学《がく》殖《しょく》の深いものとして聞こえ、天文、地理のことにいたっては、とても匹敵できるとは思われないほどである」

「シドッチは、つつしみ深く、誠実で、わずかなことにも正しくあろうとするところがあった」

といい、これらのことばは、やがて、

「聖人の温良《おんりょう》とはあのようなものをいうのであろう」
「ローマ人（シドッチ神父のこと）にたびたび会うことができたのは、一生のうちのまれなことであった」
という賛辞となって、白石の心のうちにきざまれていくのです。

こうして、白石の取り調べは終わり、シドッチ神父の処遇に関する献議書が将軍家宣へ提出されました。

「その国の主とその方の師（教皇）との命を受けて、身を捨て、いのちをかえりみず、六十余歳の老母ならびに年老いた姉と兄に生きながら別れ、万里の外に使いとして六年ばかり険阻《けんそ》艱難《かんなん》（けわしくて困難、苦しむこと）を経てここにきたこと、その志はもっともあわれむことでございます」

白石は神父の心情にこう思いをはせ、「これまでは拷問をくわえてころぶ時（棄教）はいのちを助け、ころばない時は処刑してきたが、その主（教皇）の命を受けて、身をかえりみず、万里の海をこえて使いにきたことをあわれむがゆえに、そのいのちは助けて、本国へ送り返してはいかがでしょう。そして今後、わが国に宣教師を送れば処刑されるだけであることを、その主によく訴えさせたらいかがでしょうか」と、書き記しています。

白石の考えのなかには、神父が教皇の使節であるということが考慮されていま
す。使節ならば、それそうおうの対し方があると考えたのでしょう。

そして白石は神父の処遇について、つぎのような「三つの策」を将軍に上申《じょうしん》す
るのです。

第一に、かれを本国へ返すこと上策也。

第二に、かれを処刑などせずにとらわれとして助けておくこと中策也。

第三に、かれを処刑すること下策也。

この三つの策についていては、白石はそれぞれ説明をくわえています。

「第一策」についていては、長崎にくる中国船、あるいは琉球（沖縄）から中国にわたる船に乗せてマニラへ送るようにしたらというのです。「これはむつかしいようにみえてやさしいことだ」といっています。

「第二策」についていては、棄教もしない伴天連をそのまま助けておくことになり、禁教の法律を幕府みずから破ることになり、「やさしいようにみえて、もっともむつかしいこと」だというのです。

「第三策」は、わが国の法律を破って潜入してきた伴天連であるから、規則にそって罰すること。「このことはやろうと思えばすぐにもできるやさしいこと」だと記しています。

将軍へのこの献議書は、じつは第二回めの取り調べのあとに書かれたものですが、最後につけくわえられた追い書きには、つぎのようなことが記されています。

「この書の提出は、少し早すぎるかと思われますが、もし上策をとりあげられて、かれを帰されるならば、すみやかにおこなうことがよろしいでしょう。このたび長崎からついてこられた通訳や役人たちに守らせて長崎へ帰し、来年の春か夏、長崎にくる中国の船にでも乗せて帰したらいかがと思います」

ものごとの道理に潔癖な白石は、「合理主義の学者」といわれ、シドッチ神父の取り調べぶりをみてもそのことがうなずけますが、この一文はそっけなく書かれているものの、神父との対話から生まれた白石の学者としての良心というか、人間的な愛があふれています。

白石はじぶんが書きあげた献議書に、「むつかしいようにみえて、やさしいこと」という「上策」をとりあげることを望んだのでした。しかし将軍をはじめとする幕府の中枢に座る大老たちは、「中策」を採用しました。そしてシドッチ神父は、長助とはるの老夫婦に身のまわりの世話をさせながら、キャラたちのように死ぬまでキリシタン屋敷に閉じこめられることになったのです。

ところで、白石はその著『西洋紀聞』のなかで、キリシタン屋敷での神父の食事について、警護の役人から聞き出したことを記しています。

「ふつうの日には、正午と日没のあと、一日に二食食べる。その食は、飯、汁は小麦のだんごをうすいしょうゆに油をさし、魚と大根とねぎを入れてにる。酢と焼き塩を少々そえる。かしには焼きぐり四つ、みかん二つ、ほしがき五つ、パンひとつ、斎戒《さいかい》（飲食、行動などをつつしんで心身を清めること）の日（金曜日）は、正午のただ一度だけの食事である。ただし、かしはその日も二度食べ、その数はいつもの日の倍になり、焼きぐり八つ、みかん四つ、ほしがき十、丸ガキ四つ、パンふたつを、二度に食べる。そのかしや種などはどうするのだろうか、捨てたあともみかけないという。また江戸へきてから、一度も水浴したことがない。だからといって、あかがついて、からだがよごれていることもない。食事時のほかに、湯も水も飲んだこともないという」

ふつうの日の食事は、正午と日没後の二度です。これはヨーロッパでは朝食はほんの軽食程度という習慣がありますし、おかしというのが朝食の代わりでもしていたのでしょうか。

ここにみえるおかし——、つまり果物はみな秋から冬にかけての産物ですから、これらの食べ物があたえられたのは、キリシタン屋敷に収容された当時のものでしょうが、これによって神父の一日のカロリーを計算してみると、およそ二〇〇〇カロリーになります。現在四十歳前後で、一般事務職系の男子の標準カロリーがおよそ二〇〇〇カロリーといいますから、キリシタン屋敷収容と当初の神父の食生活は、けっして悪いものではなかったといえるでしょう。しかし処遇がきまってからの食事はいちだんと悪くなり、「日に大まんじゅう（おそらく米の粉でつくったむしパンのようなもの）数枚、氷糖二、三片、白湯二、三椀」といいます。これではカロリーも一二〇〇くらいで、とても栄養はとれません。

処遇がきまってからの神父の日常は、ほとんどじぶんの獄舎内に座って、ねむっているのか、起きているのかわからないほど、静かに祈り、黙想していたといわれます。キャラたちのように拷問をくわえられて棄教をせまられることもなく、自由に神に祈ることが許されていたのですから、とらわれの身の不自由さはあっても、かなり優遇されていたといえるでしょう。

また、布教をしなければ罪にならないので、時には役人の警護つきで屋敷の外へ保養に出、王子の金輪寺や隅田川、浅草観音、品川の御殿場などへ散策に出たこともあるようでした。

こうして、遠くローマからやってきたシドッチ神父のことも落着《らくちゃく》を見、キリシタンのことは世の中からますますわすれ去られていきました。

ところが、四年めが過ぎた一七一四年（正徳四年）の二月下旬のある日のこと、平穏無事のキリシタン屋敷のなかで、役人たちがびっくりするような事件が持ちあがったのでした。

神にいだかれた三人の魂

　何事も起こらず、たいくつをむさぼっていたキリシタン屋敷の役人の前へすすみ出て、

「わたしどもは、キリシタンの神様を信じます。どうぞ法の定めるままに、ご処罰してください」

と、とんでもないことを自首してきたのは、シドッチ神父の世話係をしていた年老いた長助・はるの夫婦でした。

　じぶんたちが警備し、監視している屋敷内からキリシタンが出たのですから、屋敷の役人たちがおどろかないわけはありません。わが耳を疑うように何度も問い返しましたが、長助とはるはおちつきはらって、つぎのように語るのでした。

「昔、わたしどもふたりの主人でございましたもの（同宿のジュアン）がまだ存

命中のおり、わたしどもにその教えについて話をしてくれましたが、そういうことが罪になるとは知りませんでした。で、そのますごしてまいりましたが、このほどシドッチ様がキリスト教のため、身の危険をかえりみず、万里の海をわたっていらっしゃり、その捕らわれていらっしゃるお姿をみて、わたしどもは、はかないいのちをおしんで、長く地獄におちてしまうのがなさけないと思うようになりました。そこで、シドッチ様にお教えを聞き、洗礼を授けていただいて、その信徒となったのでございます。これらのことをもうしあげなくては、お上（幕府）から衣食をいただいている以上罪になりますので、はっきりもうしあげるのです。このうえはどのようなお裁きもお受けいたします……」

この年、ふたりはともに五十五歳になっていました。

親たちがどのような罪を犯したのかはわかりませんが、その子たちにまで罪がおよび、子どものころから一生捕らわれ人としてキリシタン屋敷のなかから出られないというのは、あまりにも気のどくなことです。このさき、いくばくもないいのちを屋敷内で終え、死後も親の罪を背負ったまま地獄へ落ちていくというのでは、わが身があまりにもあわれです。ジュアンから聞かされた話では、キリシタンの神はあわれみ深く、その教えを守っていけば死後霊は天国へあげられ、慈悲深い神のみ胸にだかれて永遠に生きるというのです。

シドッチ神父の人格の高潔さは白石も認めるところです。長助・はるの夫婦は異国で捕らわれの身になっていながら、少しも動じることなく静かな祈りの生活をつづけている神父の姿に心をうたれたのでしょう。そしてじぶんたちの身のうえを話し、さらに教えを受けて、洗礼を授けてもらったのでしょう。

じぶんたちのすべてを神にゆだねた年老いた長助・はるの夫婦には、もうなんの心のわだかまりもなくなりました。そして手に手を取るような気持ちで、役人に信仰の告白をしたのでしょう。

奉行所ではじぶんたちの監視不行き届きを責められることになるので、できることならこの〝事件〟をうやむやにしてやみのなかへほうむってしまおうと考えたようですが、キリシタン屋敷に閉じこめている伴天連——、シドッチ神父がかかわりを持っているとなっては、だまっているわけにもいきません。そこで長助・はるの夫婦を別々の獄舎に入れ、このことを幕府の大老たちにも報告して神父の処置をあおぎました。

その結果神父は、

「その方は七年まえ、わが国にわたってきた時、すみやかにわが国法によって厳重に処罰すべきであったのに、本国の師（教皇）よりの使節だというので、これまで特別のあつかいを受けてきた。本国の師からわが国の国法にはどのようなことがあれ、そむいてはならないと命じられていたというのに、それにも反して国禁であるキリシタンをひろめるとは不届き至極。大罪を犯したとがにより、以後は密室に閉じこめて厳重に監視する……」

と、もうしわたされ、暗くてせまい地下牢へおしこめられることになったのでした。

もうしわたしの主旨は、少々理屈をこねまわしているような印象を受けます。「使節としてきたものでありながら、布教をするとはけしからん」ということなのでしょうが、使節であれ、なんであれ、心から救いをもとめてくるものがあれば、その人間に教えを説くのは聖職者としてのとうぜんのおこないでしょう。

地下牢におしこめられてからの神父には、罰としての減食がおこなわれました。わずかにかゆだけがあたえられたといいますが、日本へわたってきてからはじめて洗礼を授けた長助・はるの夫婦のことについては、地下牢に移されてからも心にとめ、日ごと、夜ごと、ふたりの名を大声で呼んでは、

「信仰をかたくして、死んでも志を変えてはなりません」

と、はげましつづけていたといいます。

しかし、その年老いた長助・はるの夫婦も、七か月ほどたったその年の十月七日、まず長助が病死すると、その後を追うようにはるも病死していきました（ふたりが病死したのは同じ日だともいわれています）。

ところが、このころからシドッチ神父も発病し、力つきたのか同月二十一日の夜半、ふたりの後を追うように、異国の暗い地下牢のなかで悲惨な生涯を閉じていきました。神父はこの時、四十七歳でした。

三人があいついで病死してから百年近く経た文化八年（一八一一年）に著された『小日向志』という地誌には、キリシタン屋敷の遺跡のことがくわしく記されています。

それによると、シドッチ神父の墓が「いまは大久保志摩守の別邸になっている

庭内にあり、しるしに榎《えのき》を植えてあったが、いまは切りはらわれている」とあります。また長助・はるの夫婦の墓も、「同じ並びにあり、これも墓木があったが、いまは切りはらわれてなし」と、あります。

シドッチ神父がキリシタン屋敷内にほうむられたということを記した書物は、『小日向志』より二十数年まえの安永年間（一七七三年～一七八〇年）に著された『新撰江戸志』という書物のなかにある「切支丹屋敷」の紹介の項にも、「馬（伴）天連の墓、この内にあり」と記されています。しかしこの書物の著者は、断定はしていませんからじっさいにはその墓を見てはいないようです。

キャラたちのように棄教を表明したものであれば、近くの寺院に埋葬されたのでしょうが、こうしてみると、シドッチ神父たちは病死後、ひそかに屋敷内に埋葬されたようです。

しかし、三人はほんとうに「あいついで病死していった」のでしょうか。「いつまでも、厄介者を生かしておいて、監視することもないということで、毒をもられて殺されたのだろう」

という、説もあります。

たしかに「あいつぐ病死」というのは疑問が残り、毒殺説もありうるかもしれません。かといって、あいつぐ病死はたんなる偶然と見るのも、不自然な気もするのです。そこでさらに推理をめぐらしてみると、つぎのようなことも考えられるのではないでしょうか。

長助・はるの夫婦は同宿のジュアンの前に神父だったキャラの召し使いをしていたことがあるのですから、キャラが再び信仰をとりもどそうとしてキリスト教では禁じられている自害にならないよう、食を断ちながら「病死」していったことを知っているはずです。長助とはるも獄舎に別々につながれ、わが命いくばくもないことを知っていましたし、役人に自首した時には国が禁じているキリシタンの信仰を持っていたのですから、そのもうし出にもあるように、死は覚悟のうえです。とすれば、「自害にならないように病死していったのでは」、という推理もなりたつと思うのです。

シドッチ神父についても、当時から「憤死——、いきどおって死んだ」という説や、「罰による減食の結果、やせおとろえて死んだ」、「寒さと飢えから凍死した」という説がありますが、神父はじぶんが洗礼を授けた日本で唯一の老夫婦の最期を心の中でみとり、心の中でふたりを神のみもとへ送る秘跡をあたえたのち、みずからも後を追うように食を断ちながら「病死」していったのではないかと思うのです。

こうして、三人は屋敷内にほうむられ、キリシタン屋敷の幽閉者はひとりもいなくなってしまいました。この前後のできごとを年表ふうに記してみると、つぎのようです。

正徳《しょうとく》二年（一七一二年）十月　六代将軍家宣死去。

同　三年（一七一三年）四月　家継、七代将軍となる。白石『采覧異言』を執筆。

同　四年（一七一四年）十月　長助・はる夫婦につづいて、シドッチ神父も病死。

同　五年（一七一五年）　新井白石『西洋紀聞』を執筆。

享保《きょうほ》元年（一七一六年）四月　七代将軍家継、八歳で死去。

八月　吉宗　八代将軍となる。

享保十年（一七二五年）五月　白石　シドッチ神父の取り調べから生まれた『西洋紀聞』につづいて、『采覧異言』完成。同月十九日、白石、六十九歳で死去。

——五年間で三人の将軍が代わるというあわただしさがありましたが、吉宗の代になって十年、白石が死去した年の二月十四日夜、江戸の町は大火にみまわれました。

青山久保町《くぼまち》より出火した火は強風にあおられて、赤坂・四谷・市ケ谷・大塚・音羽と燃えひろがり、さらに小石川・巣鴨・駒込・谷中・下谷《したや》金杉《かなすぎ》まで延焼、つぎつぎと家々を焼きつくしていきました。

この大火で、小石川小日向の台地にあったキリシタン屋敷もほとんど全焼し、焼け跡には押収したキリシタンの祭具や取り調べ文書などを保管していた蔵だけが残りました。屋敷はこの後再建はされず、役人が管理するだけとなりました。

かつての広大なキリシタン屋敷には草がおいしげり、かえりみる人もなくなりましたが、寛政四年（一七九二年）、老中松平定信の建議によってこの跡地は武士たちに分割され、屋敷が建ちならびました。とりこわされた蔵に保管されていたものは、すべて江戸城の多門櫓《たもんろ》に移され、ここに百四十年余り存在したキリシタン屋敷は姿を消したのでした。それと同時にキリシタンのことも人びとの記憶からまったく忘れ去られ、わが国の歴史のうえからも忘れ去られてしまったのです。

終わりに
――わが国のキリシタンの復活

江戸幕府が政権を朝廷に返上し、鎖国を解いて国の門戸を開いたのは、慶応三年（一八六七年）のことでした（徳川家康が幕府を開いて初代の将軍になってから、十五代二百六十四年め）。

その幕府に代わって明治の新政府が樹立されましたが、明治新政府は積極的に外交政策をすすめるものの、キリスト教についてはいぜんとして禁制の政策をとりつづけていました。

これよりさき、フランス人の宣教師プチジャン神父が来日して、長崎に二十六聖人を記念する大浦天主堂を建て、潜伏していた多くの信者を発見してキリシタンが復活したのは、幕府が崩壊する一年まえの慶応二年のことでした。

神父をむかえて、信者たちは新しい時代の到来を喜んだのでしたが、その政府は幕府のキリシタン禁制政策をつづけていたので、復活したキリシタンたちにははげしい弾圧をくわえていました。とくに大きなものは、長崎の〝浦上崩れ〟と呼ばれるもので、三千人以上のキリシタンたちが流罪にあい、六百数十名のいのちが失われています。明治新政府がキリシタンの禁制を解き、あのいまわしい禁制の高札をとりはらって信教の自由を認めたのは、明治六年（一八七三年）三月のことでした。

ところで、シドッチ神父の来日を最後として、一般的にはこのプチジャン神父の来日までの六十年あまりのあいだ、わが国には外国人宣教師の渡来はなかったように思われています。しかし直接本土への渡来はないものの「日本の一角」である琉球（沖縄）へは、二度にわたって宣教師がやってきています。

一度めは天保十五年（一八四四年）三月、フランスのフォルガード神父がフランスの極東艦隊の船で、琉球の那覇に強引に上陸しました。

琉球国を侵略して支配していた親藩の薩摩では、琉球からの知らせを受けると、このことを江戸へ急報するとともに、幕府のキリシタン禁制はとうぜん琉球にもおよんでいるので、ただちに神父の逮捕を命じました。

しかし、琉球側は重装備のフランス艦隊の報復をおそれて逮捕をひかえたので、神父は二年間滞留し、琉球との和親、通商、そして布教の許可をせまりました。フォルガード神父が中国人通訳ひとりをともなって滞留した天久の聖現寺には百名ばかりの警備の役人がたえず神父を監視していましたが、神父は平然として毎朝ミサをあげていたといわれます。

さらに同年の五月には、日本への布教を積極的にめざすプロテスタントの宣教師であるイギリスのベッテルハイム牧師が同じように那覇に上陸、きびしい禁制下にもかかわらず、八年間の滞留で三人に洗礼を授けたといわれます。

これらのことは、のちの日本の開国、キリスト教の解禁の先駆けとして、わが国の近代史のうえで大きな意味を持っており、見落としてはならない重要なできごとです。さらにいえば、わが国に開国をせまって浦賀沖にすがたを現したアメリカのペリー艦隊の黒船も、浦賀沖に現れるまえに琉球国に寄港し、那覇港を根拠地にして幕府との日米和親条約の交渉にあたっていたのです。

こうしたヨーロッパの諸国によるあいつぐ開国要請のなかで、幕府の許可のもとに外国人たちだけの新しい天主堂が建ち、その高い塔のうえに十字架がかがやいたのは、文久元年（一八六二年）一月のことでした。

場所は横浜の外国の商人たちが住む外国人居留地（現在の山下町）で、天主堂への日本人の出入りは禁じられていました。聖心聖堂《せいしんせいどう》と命名されたこの天主堂はフランスのジェラール神父によって建てられたものです。明治新政府によって日本人の信教の自由が認められ、東京にカトリック復活後はじめて教会が建ったのは、明治七年（一八七四年）のことでした。場所は築地の外国人居留地のなかで、教会は聖ヨゼフ教会（現在の築地教会）と命名されました。

さらに明治三十二年（一八九九年）九月には、キリシタン屋敷に近い小石川関口町（文京区）にあった旧常陸国（茨城県）の藩主松平瀬徳《よしのり》の屋敷あとに聖堂が完成、翌年関口聖母教会と命名されました。そして大正九年（一九二〇年）には築地にあった大司教館が神学校とともにここに移され、関口教会は築地の聖ヨゼフ教会に代わって司教座聖堂となり、東京カテドラル聖マリア大聖堂と命名されて現在に至っています。

このカテドラルの庭内の片すみ、ルルドのわきの木立のなかに、以前キリシタン屋敷跡に建てられたシドッチ神父の記念碑があります。また大聖堂のなかには、四百三十五年まえにわが国にはじめてキリスト教を伝えた聖フランシスコ・ザビエルの胸像があります。この胸像は東京カテドラルと姉妹関係にあるドイツのケルン教会から贈られたもので、ザビエル神父のやさしいまなざしが、毎日訪れる東京の信者たちを見つめています。

あとがき

谷　真介

「はじめに」のなかにもふれましたが、江戸にあったキリシタン牢屋敷のことを知ったのは、古本屋で購入したカレンダーつきの江戸の古地図によってでした。その屋敷のことを調べてみようと考えたのは、わたしのひそかな楽しみのひとつである歴史探訪の趣味からです。

歴史に関する読み物を書く時、いつも心にとめることは、その時代的背景です。どんな事件も、そのことだけで成り立っているものはありません。歴史的ことがらには、その時代の社会的背景があり、要因があり、多くの人物たちの複雑な交錯があります。それらがからまって、ひとつのことがらが生まれてくるものです。そうしたことを調べながらじぶんなりの追体験を試みることが、歴史に関する読み物を書く時のおもしろさ、たのしさでもあります。

キリシタン屋敷は江戸にあったものですから、もう少し当時の江戸のことや、江戸のキリシタンたちの動静について書いてみたいと思っていましたが、これには力がおよびませんでした。江戸に関するキリシタン資料の少ないこともありますが、キリシタンのことだけでも、百五十年あまりの長さにおよんでいますし、キリスト教布教当時の江戸のことについては、前作『ジュリア・おたあ』のなかでも書きましたので、重複をさけたい気もありました。

それにしても、こんどの『江戸のキリシタン屋敷』にも、多くのいたましい殉教者たちの話が出てきます。ある時、読者のひとりから「キリスト教の歴史って、信者が殺される話ばかりですね。かわいそうで、読むとため息ばかり出ます」といわれたことがあります。

このように指摘されると、答える方もこまってしまいます。たしかにそのとおりですが、施政者たちの不当で身がってな政治力によって信教の自由をうばわれながら、なおその教えを守りとおそうとした人たちの清い心、強い精神力、そのいつわりのない証である殉教者たちの姿には、人間としての尊さと美しさを覚えずにはいられません。その感動が執筆の動機のひとつでもありますが、こうした読み物が、小さな読者たちのそれぞれのふるさとの歴史探訪への興味につながってくれれば、作者としてはうれしいことです。

本書執筆にあたっての主な参考文献

▽「査祇余録」「契利斯督記」(『續々群書類従』12所収、同完成会)▽山本秀煌『江戸切支丹屋敷の史蹟』(イデア書院)▽川村恒喜『史蹟切支丹屋敷研究』(郷土研究社)▽窪田明治『切支丹屋敷物語』(雄山閣)▽チースリク「江戸の大殉教」(『キリシタン研究』4所収、洋々社)▽海老沢有道『維新変革期とキリスト教』(日本史学研究双書)▽宮崎道生校注『新訂・西洋紀聞』(東洋文庫)▽内田善一『稿本シドチ神父と新井白石』(中央出版社)▽佐久間正訳『ディエゴ・デ・サン・フランシスコ報告・書簡集』(キリシタン文化研究会)▽村上直次郎訳『長崎オランダ商館の日記』(岩波書店)▽姉崎正治『切支丹迫害史中の人物事蹟』『切支丹伝道の興廢』(図書刊行会)▽岩生成一「鎖国」(『日本の歴史』14、中央公論社)▽児玉幸多「元禄時代」(同16、同)▽清水紘一『キリシタン禁制史』(教育社)▽遠藤周作・三浦朱門『キリシタン時代の知識人』(日経新書)▽原胤昭・原鶴麿『隠れたる江戸の吉利支丹遺蹟』(六合社)▽『図説・大航海時代の日本』(小学館)▽『武江年表』(東洋文庫)ほか。

著者紹介

谷　真介（たに しんすけ）

1935年東京に生まれる。
『台風の島に生きる―石垣島の先覚者 岩崎卓爾の生涯』で昭和51年度厚生省児童福祉文化奨励賞、第3回ジュニア・ノンフィクション文学賞受賞。絵本「行事むかしむかし」で第15回巌谷小波文芸賞受賞。ほかに『キリシタン伝説百話』『沖縄少年漂流記』など。女子パウロ会からは、『二十六の十字架』『ローマへ行った少年使節』『キリシタン大名高山右近』『サンタ・マリアの御像はどこ？』『外海の聖者ド・ロ神父』『フランシスコ・ザビエル』などがある。絵本も多数。

江戸のキリシタン屋敷

著　者／谷　真介
発行所／女子パウロ会
代表者／松岡陽子
〒107-0052 東京都港区赤坂8-12-42
Tel.03-3479-3943　Fax.03-3479-3944
Webサイトhttp://www.pauline.or.jp/
印刷所／図書印刷株式会社
初版発行／2015年8月31日

ISBN978-4-7896-0760-5 C0121　　NDC289